Rainer Hank

Die Loyalitäts falle

Warum wir dem Ruf der Horde widerstehen müssen

PENGUIN VERLAG

Sollte diese Publikation Links auf Webseiten Dritter enthalten,
so übernehmen wir für deren Inhalte keine Haftung,
da wir uns diese nicht zu eigen machen, sondern lediglich
auf deren Stand zum Zeitpunkt der Erstveröffentlichung verweisen.

Klimaneutral
Druckprodukt
ClimatePartner.com/14044-1912-1001

MIX
Papier aus verantwortungsvollen Quellen
FSC® C014889

Penguin Random House Verlagsgruppe FSC® N001967

PENGUIN VERLAG

1. Auflage

Umschlaggestaltung: Büro Jorge Schmidt
Satz: Leingärtner, Nabburg
Druck und Bindung: Friedrich Pustet KG
Printed in Germany
ISBN 978-3-328-60140-1
www.penguin-verlag.de

Dieses Buch ist auch als E-Book erhältlich.

INHALT

Kapitel 1

DIE HORDE

SEIT GERAUMER ZEIT müssen Journalisten in China eine Prüfung machen, bevor sie einen Presseausweis erhalten. Wer bestehen will, sollte mit den Lehren und Gedanken von Xi Jinping, dem chinesischen Präsidenten, gut vertraut sein. Wer dessen Lehren noch nicht beherrscht, muss unbedingt die Xi-App auf sein Mobilgerät laden. Das ist eine Art digitaler Nachfolger der Mao-Bibel, des kleinen roten Buches, das man früher in China und anderswo bei sich zu tragen hatte. Richtige Antworten sind solche, die von Xi stammen.

Früher wurde in den Prüfungen die Qualifikation der Journalisten getestet, heute geht es um den Nachweis ihrer Linientreue. Zensur oder Gleichschaltung will Xi das nicht nennen. Er spricht lieber von Loyalität, die er von allen seinen Bürgern erwartet und die in der Prüfung unter Beweis gestellt wird. Loyalität gilt der chinesischen Führung als Gebot von Patriotismus. Täglich auf der Xi-App sich einzuloggen, ist inzwischen erste Bürgerpflicht.

»Loyalität« ist ein positiver Begriff. Loyal zu sein, gilt als moralisch gut: Sie ist eine Tugend. Nicht nur in China. Und nicht erst heute. Man muss zueinanderhalten. Für seine

Freunde steht man ein. Loyalität ist ein Wert an sich: Er muss nicht gelernt oder anerzogen werden. Er ist mit uns auf die Welt gekommen.

Das fängt schon in der Familie an: Wir stehen zusammen, weil wir zusammengehören. Familie bedeutet Zugehörigkeit, über die Generationen hinweg. Loyal zu den Eltern sind wir auch dann, wenn wir uns über sie ärgern oder – etwa in der Pubertät – sie uns peinlich sind und wir am liebsten wegrennen würden. Wir tun es nicht oder kommen gleich wieder zurück. Loyalität ist eine Form der Treue zu anderen. Schließlich bekommen wir auch etwas dafür: Ich halte zu meiner Familie, weil meine Familie zu mir hält. Wir gehen zusammen durch dick und dünn, meistens jedenfalls.

Loyalität, so nennen wir das starke und warme Band einer Zugehörigkeit. Dieses Band hat einen verpflichtenden Charakter, der in beide Richtungen wirksam ist. Ohne Loyalität gäbe es kein Zusammenleben. Eine Gesellschaft, der das Gefühl verpflichtender Zugehörigkeit abgeht, könnte nicht überleben. Sie müsste zerfallen. Zumindest in der abendländischen Tradition ist das Versprechen der Treue zwischen Mann und Frau Voraussetzung für Liebe, Ehe und Aufzucht der Nachkommen. Wer das Gebot, loyal zu sein, verletzt, gilt nicht nur als illoyal – »Das tut man nicht!« –, sondern wird nicht selten von der Gruppe geächtet, die er verlässt. Er oder sie ist ein »schwarzes Schaf«, ein Dissident. Kommt es noch schlimmer, wird er zum Verräter. Die Verpflichtung zu Loyalität gilt zwischen Freunden, sie gilt in der Familie. Es gibt sie in der Gemeinde (der Orts- und der Kirchengemeinde). Es gibt sie im Clan. Es gibt sie in der Ethnie (Schwaben, Bayern, Sorben); wir sprechen von Heimatverbundenheit.

Geht es um eine Nation und Vaterland, nennen wir es Patriotismus.

Wie weit geht die Pflicht zur Loyalität? Sehr weit. Sie würde den Regisseur Roman Polanski immer noch kompromisslos lieben, bekennt die französische Filmschauspielerin Fanny Ardant, auch wenn erwiesen wäre, dass er eine Minderjährige vergewaltigt habe. Polanski sei für sie »ein Teil meiner Familie«. Auch wenn eine ihrer drei Töchter jemanden umgebracht hätte, so Fanny Ardant, würde sie sie vor der Polizei verstecken: »Ich würde immer meine Familie verteidigen – auch wenn das ein moralisches Dilemma ist.«

Offenbar rührt Loyalität an etwas in unserem Inneren, das der Entstehung von Sittlichkeit, Moral und Recht vorgelagert ist. In den linken Kreisen, in denen ich groß geworden bin, gab es in den siebziger Jahren eine Debatte darüber, ob wir einem zum Terroristen gewordenen Freund aus der RAF Unterschlupf gewähren würden. Warum zeigten viele sich dazu bereit? Weil die frühere Verbindung gebietet, den Freund zu schützen? Weil wir möglicherweise immer noch gemeinsame Ziele haben, auch wenn wir uns in der Wahl der erlaubten Mittel unterscheiden?

Loyalität verliert ihre Unschuld, sobald man sich ihr nähert. Kann eine Haltung eine Tugend sein, wenn sie in letzter Konsequenz zu einem Verbrechen führen würde? Kann Loyalität uneingeschränkt für gut befunden werden, wenn dem Abweichler das Stigma des Verrats anhaftet und er nicht nur von denen verfolgt wird, die er verlassen hat, sondern auch tief im Innern von seinem Gewissen?

Loyalität steht offenbar im Gegensatz zur Freiheit. Sollte sie tatsächlich eine Tugend sein, eine liberale Tugend wäre sie nicht. Nicht zuletzt das eingangs erwähnte chinesische Beispiel zeigt dies überdeutlich. Womöglich ist Loyalität aber auch nicht nur keine liberale, sondern auch keine linke Tugend. Der amerikanische Philosoph Richard Rorty hat darauf hingewiesen, dass sich Loyalität und Solidarität schlecht miteinander vertragen. Loyalität gilt immer nur den wenigen, Solidarität ist universal. Loyalität schließt einige ein – zum Beispiel die Familie –, andere aber aus: alle, die nicht zur Familie gehören. Deshalb hat die Loyalität nicht nur ein Problem mit der Freiheit (sie ist nicht liberal), sondern auch mit der Gerechtigkeit (sie ist nicht links).

Allein kann man nicht loyal sein, es braucht ein Gegenüber. Sich selbst kann man treu bleiben. Loyalität beschreibt jedoch die Zugehörigkeit zu einer Gruppe irgendwie gleichgesinnter Freunde, Kameraden, Kollegen. Wo ist die Grenze zum Netzwerk oder zum Filz, der die Zusammengehörigkeit über die Legalität stellt und Kriminalität in Kauf nimmt oder gar offensiv vertritt, wie bei der Mafia zu beobachten?

Den Untiefen der Loyalität soll in diesem Buch nachgespürt werden. Warum hat die Loyalität (etwa in Firmenphilosophien) einen so glänzenden Ruf? Ich glaube, Loyalität wird überschätzt. Illoyalität hingegen wird zu Unrecht moralisch verunglimpft. Dies hat auch mit der Begrifflichkeit zu tun: Illoyal klingt verwerflich, aufrührerisch, negativ. Könnte es positive Begriffe geben? Souveränität, Mündigkeit, Resilienz, Dissidenz? Vielleicht auch Befreiung, Integrität, Selbstbestimmung, Autonomie? Dies alles wären geeignete Kandidaten, die freilich in ihrem Begriff unterschlagen, dass man nichts geschenkt bekommt, gerade die

Souveränität und auch die Freiheit nicht, denn ihr gehen schmerzhafte Ablösungsprozesse – Illoyalitätserfahrungen – voran.

Es gilt deshalb, die Dissidenz, den Mut zur Selbstbefreiung zu stärken und zugleich die Gefahren der Loyalität aufzuzeigen. Das ist das Ziel dieses Buches.

Soziale Bewegungen sind Gruppen starker Loyalität. In jüngster Zeit sind viele davon auf die Welt gekommen. Die staatlich verordnete Solidaritätszumutung in den Monaten des Corona-Shutdowns provozierte als Gegenschlag eine bürgerlich-populistische Protestbewegung, die den individuellen Freiheitsdrang im gesellschaftlichen Ausnahmezustand zur Sprache brachte, zugleich aber nach innen einen Loyalitätsdruck aufzubauen vermochte, dessen Konformitätserwartung sich aus allerlei kruden Verschwörungstheorien speiste. Sie nennen sich »Querdenker«, ohne sich bewusst zu sein, wie uniform die Opposition dieser Sozialbewegung daherkommt.

Als sozialer Protest versteht sich auch die Klimabewegung. Es gibt sie in der gemäßigten Variante der Fridays for Future (FFF) und in der radikalen der Extinction Rebellion, die mit Straßenblockaden die Selbstausrottung der Menschheit verhindern will. Diese Bewegungen wollen das Gute und bekämpfen das Böse, malen den Untergang der Welt an die Wand oder, kaum weniger schlimm, eine dramatische Verschlechterung der Lebensbedingungen auf dem Planeten.

Darin ähneln sich Corona-Protest, FFF und Pegida, so unterschiedlich die politischen Ziele und die Zusammensetzung ihrer Unterstützergruppen sind. Alle neigen sie zu einem gewissen Dualismus und Manichäismus: Wir sind die Guten, die Erleuchteten. Die anderen sind die Bösen, die Verblendeten. Die anderen – das ist der Mainstream. Auch Pegida – »Patriotische Europäer gegen die Islamisierung des Abendlandes« – ist eine Bewegung. Auch hier mischen sich Untergangsfantasien mit der Beteuerung, jetzt seien die letzten Tage angebrochen, um das Schlimmste verhindern zu können: die ethnische Überfremdung.

Die Bedeutung von Bewegungen nimmt zu. Ständig sind wir gezwungen, Stellung zu beziehen Mir sind all diese Oppositionsbewegungen nicht geheuer, die Querdenker nicht, FFF nicht und Pegida erst recht nicht. Pegida kann man rechtspopulistisch nennen, FFF kann man grünpopulistisch nennen. Der Corona-Protest ist weder links noch rechts, dafür aber umso mehr populistisch. Der Begriff des Populismus soll hier neutral gebraucht werden. Populismus bekennt sich zu einer Emotionalisierung des Politischen (das ist sowohl von rechts wie von links möglich). Populisten verstehen sich als Anwälte des Volkes, dem sie Stimme und politischen Einfluss verleihen wollen. Die Gegner der Populisten sind in der Regel die Eliten, die Mächtigen, die tonangebenden Schichten, denen vorgeworfen wird, sie hätten das Volk alleingelassen.

Typisch für sozial-populistische Bewegungen ist ihre sehr offene Organisationsform. Man muss nicht formal beitreten, schon gar nicht gewählt werden. Es reicht, dabei zu sein. Viele haben einen charismatischen Führer oder eine charismatische Führerin an der Spitze (etwa Greta Thunberg und Luisa Neubauer bei FFF, Lutz Bachmann bei Pegida, Michael Ballweg bei Querdenken). Ihnen wird Gefolgschaft geleistet. Es gibt einen gemeinsamen Glauben in der Bewegung, der sich relativ einfach formulieren lässt: Das Ende der Welt ist nahe. Jetzt ist Zeit zum Handeln, es ist fünf vor zwölf.

Die neuen Bewegungen zeichnen sich dadurch aus, dass sie für sich absolute Gewissheit in Anspruch nehmen und ihnen jede Form von Mehrdeutigkeit – Ambiguitätstoleranz – zuwider ist. Mehrdeutigkeit ist es, was sie an der herrschenden Politik hassen. Es geht ihnen um Eindeutigkeit. Authentizität und Identität werden hoch aufgeladen, Ambiguität trägt dagegen den Makel der lauen Unentschiedenheit, ja Feigheit in sich.

Wissenschaft lebt von Ambiguität, Skepsis, harter Kritik und Prognoseungenauigkeit. Prognosen gibt es nur als Wahrscheinlichkeiten, nicht als Vehikel der Apokalypse. Die neuen Bewegungen suchen in der Wissenschaft das Gegenteil: Eindeutigkeit, Klarheit, Affirmation und Prognosegenauigkeit, am besten auf den Tag und die Stunde. Und viele Wissenschaftler geben sich gern dafür her – sei es aus der Hoffnung auf Weltrettung oder aus Geltungsdrang.

Wir Menschen sind von Natur soziale Wesen. Allein verkümmern wir. Zugehörigkeit stiftet Gemeinsamkeit, bringt Nähe, befreit aus der Einsamkeit. »Bowling alone«, diesen treffenden Warn- und Weckruf erfand der amerikanische Harvard-Politologe Robert Putnam Ende des 20. Jahrhundert für die Erbärmlichkeit einer isolierten Existenz, die nirgendwo verankert ist, weil ihr die Heimat fehlt: Man kann nicht allein kegeln. Es braucht einen Kegelklub. Aber weil viele nachbarschaftliche Gemeinschaften – landläufig Vereine genannt – verschwunden sind, bei denen man sich zum gemeinsamen Kegeln trifft (oder wahlweise zum gemeinsamen Singen, Lesen, Gärtnern), bleibt dem Einzelnen nur das »bowling alone«. Die Protestbewegung befreit aus dieser Falle. Die Parole lautet: Es kommt auf dich an. Du machst einen Unterschied, wie heute häufig ungelenk anglizistisch zu hören ist: Together we can make a difference.

Freundschaft ist das entscheidende Stichwort, ein anderes Wort für Loyalität, eine Art Synonym. Freundschaft ist gleichsam die soziale Urform der Loyalität, was man schon daran erkennt, dass man nicht von »loyaler Freundschaft« sprechen kann. Es wäre eine Tautologie. Loyalität setzt Freundschaft voraus, oder aber es ist keine Loyalität. »We few, we happy few, we band of brothers«, so lautet der anfeuernde Vers in der berühmten St.-Crispins-Tag-Rede in Shakespeares Drama »Heinrich V.«: Die Schlacht scheint längst verloren. Um seine verzweifelten Offiziere, Vasallen und Soldaten zu ermutigen, spricht Heinrich selbst zu ihnen, ihr König und Anführer. Es gelingt ihm, seine Männer zu inspirieren und ihre Moral zu steigern. Sie vollbringen das scheinbar Unmögliche und schlagen den zahlenmäßig überlegenen Gegner vernichtend. Es sind nur Worte, die, fast skandierend – das dreifache »we« – die Loyalität der Truppe beschwören und aktualisieren. Sie gelten nicht nur den Soldaten, sondern der »band of brothers«: einer verschworenen Horde von Freunden oder Brüdern. Wir schaffen das!

Die vermutlich berühmteste Analyse der Freundschaft stammt von Carl Schmitt. In seiner Schrift »Der Begriff des Politischen« von 1932 nennt der Berliner Staatsrechtler die Unterscheidung von Freund und Feind die Letztunterscheidung des Politischen, die man ihrerseits nicht aus anderen

Kategorien ableiten oder auf jene rückbeziehen kann: weder moralisch (dort gilt »gut/böse«) noch ästhetisch (dort gilt »schön/hässlich«) erklärbar. Schmitt insistiert, die Freund/Feind-Unterscheidung sei sehr konkret und existenziell zu verstehen, keinesfalls metaphorisch oder symbolisch. Der Feind ist der Gegner, gegen ihn führen wir Krieg.

Wir müssen uns hier mit Carl Schmitt nicht weiter befassen, noch nicht einmal Stellung zu seinem Antiliberalismus nehmen. Was freilich unbestreitbar ist: Die Unterscheidung von Freund und Feind breitet sich heute überall aus. Wer nicht für uns ist, wird ignoriert. Man nennt das jetzt »Cancel Culture«. Sie lässt sich mit allen moralischen Kräften der Welt nicht zum Verschwinden bringen. Die neuen populistischen Bewegungen sind dafür der Beweis.

Mehrdeutigkeit und Differenzierung haben es in dieser Welt schwer. Exklusion ist die Kehrseite der Inklusion: »Ich befürchte, wir müssen anerkennen, dass die menschliche Natur in ihrem Gen-Set nicht nur eine Neigung zur Xenophobie eingebaut hat, sondern auch eine Lust an der Gewalt gegen Gruppen, die den Hass allein dadurch anziehen, dass sie schwach sind«, hat der israelische Psychoanalytiker Carlo Strenger – er ist 2019 gestorben – vermutet. Xenophobie meint: Die anderen werden a priori als Feinde bekämpft und nicht als Konkurrenten im sportlichen Wettbewerb wahrgenommen.

Xenophobie gibt es nicht nur als Rassismus, Xenophobie kann auch im Gewande des Antirassismus daherkommen, wenn ausschließlich POC – People of Color – das Recht zu Rede, Urteil und Vernunft zugeteilt bekommen, während die weißen Frauen und Männer zum zuhörenden Schweigen verdonnert werden. Die sogenannte Identitätspolitik entbindet von der Pflicht, jede Aussage vernünftig zu begründen, einerlei wer sie trifft. Stattdessen macht es jetzt einen entscheidenden Unterschied, wer spricht: Die »Opfer« dürfen sprechen. Die Täter müssen zuhören (wenn sie Glück haben). Selbst wenn man dies als Entprivilegierung des weißen Mannes rechtfertigt, muss man immerhin zugeben: Identitätspolitik spaltet die Gesellschaft und konstituiert Binnenloyalitäten innerhalb sich überbietender Opfergruppen.

Man kann die Verschärfung des Freund-Feind-Verhaltens (es ist ja nicht nur Freund-Feind-Denken) als Wiederkehr der Stammeskultur im aufgeklärten Zeitalter der Globalisierung deuten. Die populäre Literatur spricht von »Tribalismus«. »Menschen brauchen die Zugehörigkeit zu Gruppen«, schreibt die amerikanische Publizistin Amy Chua, die einen Bestseller über die ebenso rigiden wie erfolgreichen Erziehungsmethoden der »Tigermutter« veröffentlichte: Denn Menschen seien Stammeswesen. Stämme sortieren sich nach Blut (Familie), Ethnie, Religion, Nation oder Staat. Gefragt nach ihrer Zughörigkeit, nennen die allermeisten Menschen erst den Stamm (ich bin Schwabe), dann das Land (ich bin Deutscher) und, wenn überhaupt, erst dann die EU (ich bin Europäer) oder gar die Welt (ich bin Weltbürger). »Menschen sind nicht einfach ein bisschen tribal, wir sind sehr tribal«, schreibt Amy Chua: Sobald wir zu einer Gruppe gehören, werden unsere Identitäten in erstaunlicher Weise mit ihr verknüpft, sogar auf chemische Weise.« Tribalismus ist per se nichts Schlechtes, denkt man etwa an den Sportverein. Aber Tribalismus kann auf der

Stelle in Xenophobie umschlagen, in Fremdenfeindlichkeit. Die Nähe zu den Freunden kommt selten ohne Hass gegen die Feinde aus.

Die heutige Evolutionsbiologie ist der Überzeugung, dass der Mensch nicht als isolierter »Homo Oeconomicus« auf die Welt gekommen ist, sondern als soziales Wesen, das sich immer schon in einer Gruppe vorfindet: Das monadische Ich ist evolutionsgeschichtlich eine Fiktion. Wir haben in der Gruppe gemeinsam mit anderen unser Leben begonnen. Das hat enorme Konsequenzen. Wir neigen dazu, die eigene Gruppe zu begünstigen und zu bevorzugen. »Ingroup-Favorism« nennen die Evolutionsbiologen dieses Verhalten. Es ist ein anderes Wort für Loyalität. Es wird von der Gruppe belohnt mit einem »warmen Zugehörigkeitsgefühl«. Genau dieses Geschäft zum beiderseitigen Vorteil gilt inzwischen als zentraler Trieb menschlichen Gemeinschaftsverhaltens: Wir helfen lieber den Mitgliedern der eigenen Gruppe als den Mitgliedern anderer Gruppen.

Nicholas Christakis, ein an der Universität Yale lehrender Professor für Evolutionsbiologie, demonstriert es sehr anschaulich: In einem Experiment gab man Fünfjährigen T-Shirts mit unterschiedlichen Farben (Rot, Blau, Grün und Orange), dann zeigte man ihnen Fotos von Kindern, die T-Shirts in ebendiesen Farben trugen. Den Kindern war bewusst, dass sie ihre T-Shirts nach dem Zufallsprinzip erhalten hatten und dass die Kinder auf den Fotos sich in nichts unterschieden außer eben der Farbe des T-Shirts. Trotzdem bevorzugten die Teilnehmer an dem Experiment die Kinder mit denselben Hemdfarben, sie gaben ihnen mehr von einer knappen Ressource (Spielzeugmünzen) ab und hatten eine positivere Meinung von ihnen. Außerdem hielten sie die Kinder ihrer eigenen Farbgruppe für freundlicher und glaubten, dass sie eher bereit sein würden, Spielsachen mit ihnen zu teilen. Und schließlich erinnerten sie sich eher an positive Handlungen ihrer Farbgruppe und gaben in Beschreibungen von ihresgleichen eher positive Informationen weiter. »Und alles nur, weil sie zufällig ein T-Shirt mit einer bestimmten Farbe erhalten hatten«, schließt Christakis seinen Bericht über das Experiment, das man bei jedem Fußballspiel im Stadion selbst überprüfen kann. Christakis nennt das universale Prinzip der Begünstigung der eigenen Gruppe ein »eher deprimierendes Phänomen« der Evolution. Irgendwie passt die selbstverständlich sich einstellende, die Mitglieder der eigenen Gruppe privilegierende Loyalität, die mit der ebenso selbstverständlichen Diskriminierung der Mitglieder anderer Gruppen einhergeht, nicht so ganz in das von vielen propagierte, idealistische Konzept der Urgruppe, in der das Gute einer altruistischen Gemeinschaft entstanden sein soll. Als ob die Freund-Feind-Dichotomie angeboren wäre oder, sagen wir vorsichtiger, die Loyalität zur Ingroup und Abgrenzung von den anderen sich wie von alleine einstellen würde.

Das Ergebnis des Kinderspiels ist kein Zufall, sondern hat System: Gruppen teilen einen gemeinsamen Glauben, spezielle Verhaltensnormen und Verhaltenserwartungen, worin sie sich von anderen Gruppen unterscheiden. Solche Normen sind ungeschriebene Regeln. Deshalb brauchen alle Gruppen sogenannte »ethnische Zeichen«; im genannten Beispiel etwa die T-Shirts einer bestimmten Farbe oder die Zuschauerwelle »La Ola« im Fußball. Neben Kleidungsstücken und Gruppenbewegungen kommen auch direkte Körperveränderungen (Tattoos) oder »Gruppensprech« (Dialekte, Slang) als Erkennungszeichen infrage. Dies alles sind völlig zufällige Zeichen, sie haben keinen inneren semiotischen Bezug zu den gemeinsamen Werten, die man vertritt, besitzen aber den Vorzug, dass sie sichtbar sind und allen Mitgliedern signalisieren, wohin sie gehören. Wir sehen, wer zu uns gehört und wer nicht, und müssen uns gar nicht mehr mühsam über innere Überzeugungen und Werte verständigen. Und die anderen sehen das auch.

Was ist überhaupt eine Gruppe? Darüber gibt es eine Menge Literatur. Wichtig ist, dass eine Gruppe zahlenmäßig überschaubar bleibt. Die Hutterer, eine in Amerika verbreitete religiöse Gemeinschaft mit deutschen Wurzeln, die das Ideal der christlichen Gütergemeinschaft verwirklichen will, begrenzt die Zahl der Gemeindemitglieder auf maximal 150. Wächst die Gemeinde weiter, leiden sowohl Loyalität wie Solidarität, sagen die Hutterer. Man kann es auch nüchterner sagen: Bis zu 150 Mitgliedern lässt sich wirksam Gruppendruck herstellen, darüber hinaus steigen die Chancen, sich erfolgreich wegzuducken.

In der Forschung hat es »Dunbar's Number« – benannt nach dem britischen Anthropologen Robin Dunbar – zu Bekanntheit gebracht. Sie bezeichnet die maximale Anzahl von Menschen, zu denen wir eine stabile soziale Beziehung aufrechterhalten können. Auch Dunbar spricht von 150 Leuten, die eine solche Gruppe umfassen könne. Deren Definition lautet folgendermaßen: die Anzahl jener Menschen, mit denen du dich auf einen Drink zusammentätest, träfest du sie zufällig in einer Bar. Dunbars Zahl definiert noch eine sehr lockere Form der Zugehörigkeit. Je stärker der soziale Kitt der Loyalität, so darf man vermuten, umso kleiner wird die Zahl möglicher Gruppenmitglieder. Dunbar spricht von 50 »sozialen« Freunden, 15 »guten« Freunden und nicht mehr als fünf wirklich »engen« Freunden. Am Ende bleibt eben die (Groß-)Familie als Urgruppe übrig. Interessant daran: Lernen wir neue Freunde kennen, lassen wir alte Freunde fallen. Die Anzahl der Freunde bleibt über den Lebenszyklus konstant, sie wächst entgegen unserer Erwartung nicht.

Die Begünstigung der eigenen Gruppe schlägt nicht selten um in blindes Vertrauen, irritierenderweise sogar gegen eigenes besseres Wissen. Berühmt geworden ist ein Experiment aus den fünfziger Jahren, das der Gestaltpsychologe Solomon Asch durchgeführt hat. Auf einer Karte wurde einer Gruppe eine Linie präsentiert. Neben dieser Referenzlinie wurden drei weitere Linien gezeigt, wobei es die Aufgabe der Versuchspersonen war einzuschätzen, welche dieser drei Vergleichslinien gleich lang wie die Referenzlinie war. Das zu erkennen war nicht schwer, 95 Prozent der Gruppenmitglieder lagen richtig. Im nächsten Schritt setzte Asch nun Probanden in eine Gruppe, in der die anderen Gruppenmitglieder absichtlich eine falsche Linie nannten. Was geschah? Die anderen Probanden ließen sich beirren, lediglich ein Viertel blieb trotz der Gegenstimmen immer bei der richtigen Antwort.

Was lernen wir aus Aschs Experiment? Wenn alle anderen etwas Falsches behaupten, lassen sich selbst die schlauesten Menschen ein A für ein C vormachen. Dann glauben sie, was die anderen glauben, auch wenn es definitiv falsch ist.

Wenn viele sich fragen, wie es zu sogenannten Filterblasen in den heutigen »Stämmen« kommt, samt irrationalen Verschwörungstheorien, dann hat Asch die Antwort: Wir unterwerfen uns wider besseres Wissen den falschen Überzeugungen der Mehrheit der Gruppe. Innerhalb einer Gruppe verhalten wir uns irrational, glauben, was die anderen glauben, weil es uns wichtig ist, es mit der Mehrheit nicht zu verderben. Herdenverhalten führt dazu, dass die Teilnehmer ihr privates Wissen, Empfinden, Vermuten, Zweifeln zurückstellen und stattdessen sich dem öffentlich geäußerten Urteil der anderen Gruppenmitglieder anschließen.

Der Jurist und Verhaltenswissenschaftler Cass C. Sunstein hat untersucht, was aus Einzelmeinungen innerhalb einer Gruppe wird. Das Ergebnis gibt zu denken: In der Gruppe urteilen wir alle extremer, als es jeder Einzelne ohne die Gruppe täte. Die Gruppe polarisiert und radikalisiert ihre Mitglieder – in welche politische Richtung auch immer. Woran das liegt? Menschen hungern nach Bestätigung, sagt Sunstein. Wenn zwei einander recht geben, fühlen sich beide sicherer. Schließt sich ein Dritter an, wird es noch besser. Man nennt das eine Bestätigungskaskade, die wiederum bei allen zur Verfestigung ihrer Meinung führt. Jetzt hauen wir auf den Putz – die Älteren unter uns Männern kennen diesen Mechanismus vom Stammtisch.

Am Ende kann es passieren, dass einige die Gruppe verlassen, weil ihnen die Radikalisierung der anderen nicht geheuer ist. Die Gruppe wird dadurch zwar kleiner, aber noch radikaler, weil nur die Allerloyalsten bis zum Schluss bleiben, die sich untereinander bis ins Extrem anfeuern. Cass

Sunstein, der amerikanische Forscher, bezieht diese Erkenntnisse aus Experimenten im Labor. Er hat damit unwissentlich, aber präzise den Radikalisierungsprozess der deutschen AfD beschrieben, quasi ein Experiment im realdemokratischen Staat.

Dass wir Konflikte wie Kampfesrituale von Stämmen austragen, könnte tatsächlich eine Wiederkehr des archaisch Verdrängten sein in nur scheinbar aufgeklärten Zeiten. Solche Überlegungen gab es unter den Intellektuellen in der Mitte des vorigen Jahrhunderts, in der Spätphase des Zweiten Weltkriegs. Damals standen sich Totalitarismen von rechts (Hitler) und links (Stalin) gegenüber. Theodor W. Adorno und Max Horkheimer, die Denker der Frankfurter Schule, nannten diesen Rückfall in die Barbarei »Dialektik der Aufklärung«. Hannah Arendt, die jüdische Emigrantin in New York, analysierte den Terror totalitärer Bewegungen von links wie rechts, etwa in ihrem Buch »Elemente und Ursprünge totaler Herrschaft«. Und Karl Popper, der große britisch-österreichische Liberale, sprach von der anhaltenden Verführbarkeit der Menschen durch den »Ruf der Horde« in seinem Werk »Die offene Gesellschaft und ihre Feinde« (1944): Er wolle zeigen, »dass sich die Zivilisation noch immer nicht von ihrem Geburtstrauma erholt hat – vom Übergang aus der Stammes- oder geschlossenen Gesellschaftsordnung, die magischen Kräften unterworfen ist, zur offenen Gesellschaftsordnung, die die kritischen Fähigkeiten der Menschen freisetzt«.

In diesem »ewigen Kampf« (Popper) beobachten wir seit geraumer Zeit einen Rückfall in den neuen Tribalismus: Der »Ruf der Horde« hat heute abermals Verführungskraft.

Was neu ist: Der einfache Gegensatz von globalisierten, urbanisierten, aufgeklärten, intellektuellen Eliten und provinziellen Stammesgruppen stimmt nicht wirklich. Denn auch die Eliten weisen Stammesstrukturen auf. Der »tribal instinct« ist nicht nur ein Instinkt, zur Gruppe zu gehören. Er ist auch ein Instinkt der Exklusion. Es geht stets darum, dass die mit den roten Trikots zusammenhalten und die mit den gelben oder grünen Trikots die anderen sind, von denen man sich abgrenzt. Auch Eliten verhalten sich nicht anders als die Kinder im T-Shirt-Experiment. Im Stamm herrscht ein Druck zu Konformität, den wir – beschönigend – Loyalität nennen.

Dass auch die aufgeklärten Eliten dem Ruf der Horde verfallen können, widerspricht unserem universalistisch-aufgeklärten Selbstverständnis, das nicht zulässt, dass wir Konflikte mithilfe von Metaphern und Bildern aus der Frühgeschichte der unaufgeklärten Gattungsentwicklung verstehen wollen. Der bereits zitierte israelische Analytiker Carlo Strenger zeigt in seinem Buch »Diese verdammten liberalen Eliten. Wer sie sind und warum wir sie brauchen«, dass auch die liberalen Eliten Stämmen angehören wollen: Es sind meritokratische Stämme, bei denen Einsatz und Erfolg belohnt werden. Die Loyalität in diesem Stamm gilt der Meritokratie: Leistung soll zählen und nichts als Leistung. Also nicht Familie, Herkunft, Geld etc. Andere Stämme, die über Blut, Erde, Ethnien oder Konfessionen zusammengehalten werden, gelten aus Sicht der Eliten als primitiver und archaischer. Auch wenn die Meritokratie häufig ein illusionäres Versprechen ist, so gehört dies doch zu ihrem elitären Selbstverständnis. Das ist anstrengend, weil sich der Stamm der Elitären einem permanenten Wettbewerb unterwirft. Kein Wunder, dass den »meritokratischen Stamm« eine latente Depressivität plagt, zumindest aber eine leichte Melancholie: Angehörige der Elite wollen im Leben »Spuren« hinterlassen und werden doch die zutreffende Angst nie los, sie müssten irgendwann spurlos die Erdoberfläche verlassen. Größenwahn und Verzweiflung sind sich manchmal sehr nahe.

Eines freilich schweißt die Eliten fest zusammen, so hart auch der meritokratische Wettbewerb intern ausfällt: die Distanz bis hin zur Verachtung gegenüber den populistischen Bewegungen. Es droht die schärfste Sanktion bis hin zum Verstoß, wenn Angehörige der urbanen Elite Verständnis äußern für den Rechtspopulismus. Das ist ein Fall grober Illoyalität und Verrat des elitären Dogmas, dem zu folgen man quasi bei Eintritt in die intellektuelle Elite – also dem Beginn des Universitätsstudiums – geschworen hat. Schriftsteller wie Michael Kleeberg (»Vaterjahre«) oder Uwe Tellkamp (»Der Turm«) mussten dies erfahren: Die vorsichtige Kritik Kleebergs an der Migrationspolitik Deutschlands im Jahr 2015 – vorgetragen im Rahmen einer Vorlesung über Poetologie – führte zum universitären Eklat. Der Satz des Anstoßes lautete: »Das Aufeinandertreffen einer Mehrheitsidentität, die sich auflösen, mit einer Minderheitsidentität, die sich durchsetzen will, ist keine gute Voraussetzung für die Integration von Zuwanderung in einem Einwanderungsland.« Kleeberg kontrastierte seine »Meinung« mit dem uneingeschränkten Bekenntnis des Erzählers in seinem neuen Roman zu einem Migranten: »Denn ein einzelner Mensch ist nie falsch.« Es ging ihm also gar nicht um ein politisches Bekenntnis, sondern um die poetologische Differenz zwischen Erzähler und Autor. Doch einem aufgewühlten Auditorium war dies zu komplex, es wollte Gesinnungen niedermachen und beschuldigte den Autor Kleeberg des Verrats am linken Universalismus, den gläubig man bekennen muss, um an einer deutschen Universität reden zu dürfen. Ein Auftritt der öffentlichen Selbstkritik vor der eigenen intellektuellen Klasse wurde fällig, literarische Preise gibt es seither zur Strafe trotzdem nicht mehr für ihn.

Schlimmer noch traf es Uwe Tellkamp. Ihm wurde ein in einer Diskussion mit dem Dichterkollegen Durs Grünbein geäußerter unschicklicher Satz zu den Flüchtlingen zum Verhängnis: »Die meisten fliehen nicht vor Krieg und Verfolgung, sondern kommen her, um in die Sozialsysteme einzuwandern, über 95 Prozent.« In Deutschland, so ergänzte Tellkamp, gebe es einen »Gesinnungskorridor zwischen gewünschter und geduldeter Meinung«. Seine, Tellkamps Meinung sei »geduldet, erwünscht ist sie nicht«. Der Suhrkamp Verlag, in dem Tellkamps Bücher erscheinen, erklärte daraufhin ohne Not auf Twitter, dass man diese Haltung nicht teile. Tellkamp wurde zum Aussätzigen gemacht. Soll man sich wundern, dass er sich seither kontinuierlich nach rechts radikalisiert, Heimat in einem neuen Stamm sucht?

Illoyalität ist gefährlich. Das musste auch die Schriftstellerin Monika Maron (»Flugasche«) im Jahr 2020 erfahren. Ihr Flirt mit einer neu-rechten Dresdener Buchhandlung, die mit dem als besonders rechts geltenden Verlag Antaios kooperiert, führte dazu, dass der S. Fischer Verlag die mehr als 40-jährige Zusammenarbeit mit der Autorin aufkündigte. »Verrat« wird erbarmungslos geahndet. S. Fischer hatte wohl auch Angst um die Reputation im eigenen Clan. Maron fand daraufhin Unterschlupf bei Hoffmann und Campe.

Dies alles kann nur bedeuten, dass Geschichte eben keine teleologische Fortschrittsgeschichte ist, die sich vom Schlechten zum Guten, vom Clan- und Stammesdenken zum kritisch-universalen Rationalismus, vom Loyalitätsgebot im Nahbereich zur Solidaritätspflicht der Weltgemeinschaft (»Alle Menschen werden Brüder«) fortentwickelt. Ein Trauma äußert sich in einem Wiederholungszwang, das Verdrängte kehrt zurück. Könnte es sein, dass der kosmopolitische Liberalismus diesen notwendigen Heimatbezug vergessen hat? Der Soziologe Ralf Dahrendorf sprach von »Ligaturen«, lebensnotwendigen Bindungen an Heimat, Volk oder Nation, ohne die wir nicht leben können. Der Schock über die neuen Vergemeinschaftungen in unserer Zeit wäre dann das Erschrecken über die Wiederkehr des »Rufs der Horde«.

Zusammenfassung: Das Freund-Feind-Verhalten ist mit Macht zurück, wahrscheinlich war es nie verschwunden. Es geht um Abgrenzung nach außen. Es geht aber auch um Loyalität nach innen. Loyalität, so viel können wir hier schon sagen, ist notwendige Bedingung des Freund-Feind-Verhaltens. Je schärfer sich bestimmte Gruppen von anderen abgrenzen, umso wichtiger wird Loyalität, Sichtbarkeit und Nachweis von Zugehörigkeit nach innen.

Wenn Freund-Feind-Beziehungen in den Blick kommen, dann scheint zumeist der Feind das Problem zu sein. Der Feind ist der Gegenstand der Kriegs- oder Friedensforschung.

Der Feind ist der Böse, der Freund dagegen der Gute. Für Friedensforschung wird seit Jahren viel Geld ausgegeben, um die komplementäre Dynamik der Freundschaft hat man sich weniger gekümmert, sie schien nicht der Rede wert. Freundschaft funktioniert über Loyalität. Das ist, solange Loyalität als Tugend nicht problematisiert wird, uninteressant, fast langweilig. Dabei ist schon die Frage, warum Menschen sich freiwillig der Knechtschaft einer Kleingruppe unterwerfen, alles andere als trivial.

Darf man so weit gehen zu behaupten, Freundschaft sei genauso gefährlich wie Feindschaft? Warum nicht? Die Friedensforschung (besser: Kriegsforschung) bräuchte also dringend eine Ergänzung: die Loyalitäts- oder Illoyalitätsforschung.

Wie geht es weiter? Erstens soll ergründet werden, wie es dazu kommen konnte, dass Loyalität – zu Unrecht – einen solch guten Ruf hat. Zweitens soll beschrieben werden, was Loyalität alles anrichten kann; sie macht und hält uns unfrei. Und drittens geht es darum, wie wir uns aus dem unguten Bann der Loyalität lösen und »selbst« werden können, also souverän.

Alles beginnt in der Familie. Ihr ist nicht zu entkommen, ein ganzes Leben lang nicht. Oder vielleicht doch?

Kapitel 2

DIE FAMILIE

KURZ NACH DER EINSCHULUNG auf dem Gymnasium lernt der kleine Junge im Englischunterricht einen Weihnachtsreim. Stolz läuft der Elfjährige nach Hause zu den Eltern. »Ich habe ein Gedicht gelernt«, ruft er und sagt es sogleich der Mutter auf: »I wish you a merry Christmas, a horse and a gig, and a good fat pig, to kill next year.«

Anstatt sich über die neuesten Fremdsprachenkenntnisse ihres Sohnes zu freuen, steigt bei der Mutter augenblicklich großer Zorn auf, und sie lässt den Jungen noch nicht einmal ausreden. »Du weißt doch, dass ich kein Englisch kann«, herrscht sie ihn an. »Dachte sie, die Fabrikarbeiterin, ich wollte mich über sie lustig machen, sie gar erniedrigen?«, so reflektiert der Junge später: »Meinte sie, ich wollte eine Überlegenheit demonstrieren, die schon aus ein paar Monaten Gymnasium resultierte?«

Die Szene ist eine Schlüsselszene in Didier Eribons autobiographischem Roman »Rückkehr nach Reims«. Der Roman war 2016 auf Deutsch erschienen, sieben Jahre nach dem französischen Original, und wurde in Deutschland im Handumdrehen ein Bestseller. Geboren 1953 eben in Reims, sollte Eribon in Paris eine Karriere als Universitätsprofessor und linker Intellektueller machen.

Die kurze Weihnachtsepisode ist Zeichen einer beginnenden Entfremdung. Der Junge kommt aus einer Welt, die er der Mutter nicht mehr oder nur noch schwer vermitteln kann. Scham wird auf beiden Seiten eine Rolle gespielt haben. Die Mutter, eine einfache Frau, fürchtet, dass der Junge ihr abhandenkommt, für den sie sich verzehrt, damit er aufs Gymnasium gehen und studieren kann. Sie fühlt sich im Stich gelassen, leidet an dem Verlust und will ihn abwenden.

»Von Geburt an tragen wir die Geschichte unserer Familie und unseres Milieus in uns, sind festgelegt durch den Platz, den sie uns zuweisen«, schreibt Eribon. Er habe die »soziale Scham« wegen seiner Herkunft aus der Unterschicht tiefer gespürt als die sexuelle Scham der Abweichung wegen seiner Homosexualität, obwohl er auch in Paris immer wieder Opfer von Diskriminierung und Gewalt geworden sei. Erst spät und unter großen Anstrengungen habe er zum Beispiel eine gehobene Sprache erlernt und das Interesse an Kunst und Musik entwickeln können. Eribon beschreibt Bildung als Distinktionsmerkmal und Ausschlussprinzip.

»Seelenblindheit« nennt der Psychoanalytiker Léon Wurmser solche Erfahrungen der Entfremdung, bei denen das wechselseitige Verständnis für das Innenleben des anderen verloren geht. Es erfordert viel Kraft, gegen die wachsende Fremdheit zwischen Mutter und Sohn am eingeschlagenen Bildungsweg festzuhalten. Eribon bezeichnet sich als »sozialen Überläufer«.

Scham als Grundgefühl wird Eribon sein Leben lang begleiten, weil er sich in unvertrauten sozialen Milieus assimiliert und die eigene Herkunft verlassen, nein, *verraten* hat. Der spätere Soziologe und Marxist erlebt es auch als Verrat an seiner Klasse, der Arbeiterklasse, der er meint Solidarität schulden zu müssen. Als er später, nach dem Tod des Vaters, wieder nach Reims zurückkehrt, muss er mitansehen, wie die dortige Arbeiterschaft von der kommunistischen Partei, der sie traditionell anhing, zum rechtskonservativen »Front National« Marine Le Pens übergelaufen ist. Da verwandelt sich seine Scham auch noch in Mitschuld. Weil er und die Partei die Eltern alleingelassen haben, so sein Empfinden, blieb ihnen nur, sich in die Arme rechter Populisten zu werfen.

Der soziale Aufstieg wird als eine Art Verrat an der Pflicht zur Loyalität gegenüber der Familie erlebt. Und das Gesetz der Familie heißt: Du sollst uns nicht übertreffen! Starken Naturen gelingt der Ausbruch besser, weil sie bereit sind, diese »freiwillige Selbstexklusion« (Eribon) auf sich zu nehmen und auszuhalten, die brutaler sein kann als die Fremdexklusion der Klassengesellschaft. So tut sich eine neue Kluft auf, nennen wir sie Loyalitätskluft, die über ganze Leben beharrlich geschlossen werden will, sollte es überhaupt je gelingen. Sozialer Aufstieg heißt: der Heimat den Rücken zukehren – die Demarkationslinie überschreiten und von einem Lager ins andere wechseln, ein Wechsel freilich, dessen Gelingen alles andere als sicher ist.

Eribon beschreibt seinen Aufstieg als Akt der Illoyalität gegenüber der Herkunftsfamilie. Es ist die Erfahrung, die alle Aufsteiger kennen. In ihrer Biographie fallen Ablösungskosten an, und die Kosten der Assimilation in ein neues Milieu kommen hinzu. Doch diese seelische Anstrengung wird auch belohnt: durch gewonnene Freiheit in der neuen urbanen Umgebung, die, im Fall Eribons, überhaupt erst die Bedingung der Möglichkeit ist, seine Homosexualität zu leben. Wäre er in der Provinz geblieben, hätte er vermutlich sein Begehren für immer unterdrücken oder im Verborgenen ausleben müssen.

Verrat als Voraussetzung von Emanzipation. Illoyalität als Bedingung für Aufstieg und Entwicklung. Der Lohn der Illoyalität, so sehen wir es bei Eribon, ist der Zugewinn von Freiheit, eine Erfahrung der erweiterten Lebensmöglichkeiten, welche ihm versperrt geblieben wären, hätte er im Konflikt mit den Eltern kapituliert. Doch alles hat eben seinen Preis: Scham und Schuld, die sich tief in das Innere einschreiben und dort lange nagen können. Eine bleibende Kluft der Nichtzugehörigkeit im neuen Milieu hält gleichsam die Erinnerung an den Verrat wach.

Niemand hat diese Qualen biographischer Untreue eindrücklicher erzählt als die 1940 geborene französische Schriftstellerin Annie Ernaux. »Der Platz« (ursprünglich 1984 erschienen) beginnt mit dem Tod des Vaters, ein Ereignis, das die Erzählerin zum Anlass nimmt, dessen Leben aufzuschreiben. Geburt um die Jahrhundertwende, kurzer Schulbesuch, Bauer, dann bis zum Todesjahr 1967 Besitzer eines kleinen Lebensmittelladens plus angeschlossener Kneipe in der Normandie. Sein Leben ist die Geschichte von gesellschaftlichem Aufstieg und der Angst, wieder nach unten abzurutschen. Dass die Tochter eine höhere Schule besucht, macht den Vater stolz, aber zugleich entfernen sie sich voneinander. Für die Autorin wird die Erzählung zu einer Geschichte des Verrats an ihren Eltern und dem Milieu, in dem sie aufgewachsen ist, gespalten zwischen Zuneigung und Scham, zwischen Zugehörigkeit und Entfremdung.

Annie Ernaux berichtet von der stetigen Angst, fehl am »Platz« zu sein, sich schämen zu müssen. Über den Vater heißt es: Einmal stieg er versehentlich mit einer Zweite-Klasse-Fahrkarte in die erste ein. Der Schaffner ließ ihn den Aufpreis bezahlen. Beim Notar musste er *lu et approuvé* (»gelesen und für richtig befunden«) unter ein Dokument setzen, wusste nicht, wie man das schreibt, und entschied sich für *lu et à prouver* (»gelesen und noch zu beweisen«). Ein peinlicher Fehler, auf dem Rückweg redete er von nichts anderem. Der Schatten der Unwürdigkeit, kommentiert Ernaux.

Ständig verfolgt einen dieselbe Frage: Was werden die Leute dazu sagen? Schlimmerweise gilt genau diese Frage den Gebildeten und Erfahrenen auch als spießig und typisch kleinbürgerlich. Die Frage ist notwendiger Kompass für alle Aufstiegskinder und zugleich Ausweis der Tatsache, nicht dazuzugehören. Denn sonst wäre man ja souverän, bräuchte die Frage gar nicht zu stellen. Vor einem Schulfest sagt die Direktorin der Mutter, zu diesem Anlass sollte die Tochter »Abendgarderobe« tragen. Mutter und Tochter hatten keine Ahnung, was sie wohl damit gemeint haben könnte. Das ist schrecklich, zugleich bringt es die beiden Frauen einander näher. Anni Ernaux' späterer Kommentar lautet: »Die Scham, nicht zu wissen, was wir zwangsläufig gewusst hätten, was wir waren, nämlich unterlegen.«

Es überrascht nicht, dass Ernaux' Erzählungen hierzulande einen zweiten Ruhm im Schlepptau von Eribons Autobiographie erfuhren. Die drei Erzählungen (»Der Platz«,

2019, »Eine Frau«, 2019, und »Die Scham«, 2020) weisen große Verwandtschaft auf. Immer steht die Scham der Protagonistin im Zentrum: »Das Schlimmste an der Scham ist, dass man glaubt, man wäre die Einzige, die so empfindet.«

In »Die Scham« erzählt Ernaux von einer Bildungsreise des Mädchens, das sie einmal war, im Jahr 1952 im Bus nach Lourdes, Tours und anderen bedeutenden französischen Städten. Die Mitreisenden, lauter »höhergestellte« Leute, wissen, wie man sich benimmt. Sie nehmen zum Strandausflug Schokolade und Plätzchen mit. Vater Ernaux dachte, das würde sich nicht gehören, und hat lediglich eine Flasche Pfefferminzlikör und Zuckerwürfel dabei, womit er sich in den Augen der Tochter unsäglich blamiert.

Scham ist eine »Seinsweise«, die nicht nur für den Moment schwer zu ertragen ist, sie bleibt auch in der Zukunft an uns haften wie kaum eine zweite Emotion, bei Freude oder Lust verhält es sich ganz anders. Scham führt immerzu zu mehr Scham. Sie bringt noch Jahre später dieselben körperlichen Symptome mit sich, es wird einem heiß und kalt schon beim flüchtigen Gedanken daran. Röte steigt ins Gesicht, was zusätzlich peinlich ist, denn jetzt können alle anderen sehen, was ich eigentlich strikt vor ihnen verbergen wollte: das Gefühl, mich danebenzubenehmen, nicht dazugehören zu dürfen. Erniedrigung schreibt sich in das Gedächtnis ein.

Scham, »diese Erfahrung der Nichtung«, ist aber auch die Brücke der Erinnerung zwischen später und früher. Ständig wolle sie schreiben »da begriff ich«, notiert die Erzählerin: »Aber diese Formulierungen setzen ein klares Bewusstsein der erlebten Situationen voraus. Da ist aber nur das Gefühl der Scham, das die Bilder außerhalb jeder Bedeutung fixiert hat.« Sie habe sich dem Willen der Welt, in der sie lebe, gefügt, notiert Annie Ernaux: »einer Welt, die einen die Herkunft aus einfachen Verhältnissen vergessen machen will, als wäre sie Ausdruck schlechten Geschmacks«.

Man wird das Thema nicht mehr los, wird ständig erinnert, in keiner der beiden Welten zu Hause zu sein. Das ist die Strafe für die Illoyalität, die irgendwie als Schuld erlebt wird. Welchen Ausweg gibt es? Die Geschichte schreibend einzuholen, ist sicher nicht die schlechteste Lösung. Kein Wunder, dass sich der Bildungsroman – denn so heißt ja das literaturwissenschaftliche Format für die Brüche der Aufstiegs- und Illoyalitätsbiographie – nicht nur beim Leser, sondern auch bei den Autoren großer Beliebtheit erfreut, seit die sozialen Klassen durchlässiger geworden sind, also mehr oder weniger seit dem frühen 19. Jahrhundert.

»Klassenliebe« war der Titel eines 1973 in der Edition Suhrkamp erschienenen inneren Monologs einer jungen Frau, ein Buch, das wir damals alle gelesen haben: »Kann ich meinen Vater abschütteln und meine Herkunft trotzdem nicht verraten?«, fragt sich die Erzählerin. Den Beruf des Vaters hat die Schülerin nie mit »Arbeiter« angegeben. Stattdessen erklärte sie, er sei Filmdrucker. Aber dann kam raus, dass er nur Stoffe bedruckt, also Arbeiter ist. Und die Erzählerin berichtet von Scham: Rot werden.

Die Erzählung einer solchen Biographie unternimmt den Versuch, beide Welten zu versöhnen, die Welt der Herkunft und die Welt der Gegenwart, quasi mit Literatur die erfahrene Sprachlosigkeit des Entfremdungsprozesses zu überbrücken. Die Schriftstellerin Ulla Hahn, geboren 1945 als

Arbeiterkind in einem Dorf im Rheinland, lässt in ihrem autobiographischen Romanzyklus ihr Alter Ego Hilla Palm all diese Entfremdungs- und Versöhnungserfahrungen durchleben. Ihr Engagement in der moskauhörigen DKP wird dem Leser verständlich als Verschiebung einer verlorenen Nähe zum Arbeitervater, die gesühnt wird durch die Solidarität zur Arbeiterschaft als Klasse, die zu befreien wiederum Hilla Palms revolutionäre Mission wird. Weil sie den Arbeitervater verraten hat, muss sie nun alle anderen Arbeiter der Welt erlösen.

Nur so erklärt sich Hahns lange affektive und letztlich irrationale Treue zur kommunistischen Partei. Die Verletzung der parteipolitischen Loyalität hätte sie als abermaligen Verrat empfunden. In einem weiteren Anlauf verschiebt auch sie den Versuch, Identität im eigenen Leben herzustellen aus dem Bereich der Politik in den der Literatur. »Ich bin am Ende meines Vorhabens angekommen«, so schließt Annie Ernaux in »Der Platz«, »das Erbe ans Licht zu holen, das ich an der Schwelle zur gebildeten, bürgerlichen Welt zurücklassen musste.« Schreibend lässt sich ein Leben einholen. Man muss den Weg dafür aber ein zweites Mal gehen.

Wer den ganzen Weg nicht schafft, kehrt vorzeitig zurück. So wie der »verlorene Sohn« im biblischen Gleichnis. Dieser war aufgebrochen, hatte von seinem Vater sein Erbe verlangt und es im Ausland verprasst. Zum Bettler herabgesunken, arbeitet er als Schweinehirte und hungert dabei so sehr, dass er sich reumütig nach dem Vaterhaus zurücksehnt und sich vornimmt, dem Vater sein Vergehen zu beichten und ihn um eine Stelle als Tagelöhner zu bitten. Als er dann nach Hause zurückkehrt, ist der Vater so erfreut über die

Rückkehr seines Sohnes, dass er ihn kaum ausreden lässt und sofort wieder bei sich aufnimmt. Er kleidet ihn festlich ein und veranstaltet ein großes Essen.

Wie soll man das deuten? Die Moral von der biblischen Geschichte ist unschwer zu erkennen: Das kommt davon, wenn man sich von seinem Elternhaus entfernt und in die Fremde geht! Es führt buchstäblich zu Entfremdung, Verarmung und Scham. Reumütig zurückzukehren, bleibt als Ausweg. Angesichts dieser Demütigung ist es für den Vater ein Leichtes, den Sohn mit offenen Armen bei sich aufzunehmen. Es ist sein Triumph. Die Drohung an alle Söhne ist überdeutlich: Bleibt lieber gleich daheim. Dann bleiben euch all die demütigenden Niederlagen erspart.

Der Sohn ist in der Fremde an seiner Schwäche gescheitert, er konnte es nicht ertragen, dass ihm nach der Erfahrung der Lust nur noch die Entbehrung blieb und allenfalls die Erinnerung an die Lust. Zum Vater kehrt er zurück als reuiger Sünder, »von seinem Eigensinn ermüdet und gleichsam seiner selbst überdrüssig«. So deutet es der Dichter André Gide in seiner Erzählung »Die Rückkehr des verlorenen Sohns«. Den Weggang konnte der Vater nicht verstehen, fand er doch, der Sohn habe es nirgends so gut wie zu Hause. Aber als der Vater ihn fragt, ob ihm denn das Mastkalb geschmeckt habe, das er eigens für ihn hat braten lassen, wirft der zurückgekehrte Sohn sich schluchzend mit dem Gesicht auf den Boden und bekennt: »Mein Vater, mein Vater! Der wilde Geschmack der Eicheln bleibt mir dennoch im Mund. Nichts kann den Nachgeschmack überdecken.« Das spricht nicht gerade für Einverständnis und eine versöhnliche Rückkehr.

Die Mutter, die jeden Tag auf die Rückkehr des verlorenen Sohnes gehofft und darum gebetet hatte, möchte – wie der Vater – wissen, was der Sohn da draußen gesucht hat. Seine Antwort lautet: »Ich suchte … wer ich war.« Dann – so André Gide – lässt er sich von der Mutter dafür einspannen, dem jüngsten Bruder diese seine Selbstsuche zu verheimlichen, und bekennt, er habe resigniert.

Die wunderbare Dialektik dieser biblischen Nachdichtung durch den französischen Autor – Rainer Maria Rilke hat die Erzählung übersetzt – führt fast unmerklich in das Gegenteil ihres ursprünglichen Sinns. Der Jüngste (»Ich bin der, der du warst, als du weggingst«) tut es seinem Bruder nach und will es besser machen. Und der Rückkehrer bestärkt ihn nicht nur darin, aufzubrechen, sondern gibt ihm vor seinem Aufbruch aus eigener Erfahrung den guten Rat: »Sei stark: Vergiss uns, vergiss mich.« Aus dem Lob der Rückkehr in der Bibel wird bei Gide die Ermutigung zum Aufbruch und zum Vergessen der Herkunft.

Ist also der Preis für eine erfolgreiche Emanzipation, die nicht auf halbem Wege kehrtmacht, die Leugnung der Herkunft? Oder zumindest die Abspaltung der Erinnerung an die Heimat? Glücklich ist, wer vergisst, wo er hergekommen ist? Wer sich ständig seiner Geschichte gewahr ist, hat es jedenfalls schwerer und bleibt akut rückfallgefährdet. Das ist die autobiographische Erfahrung von André Gide selbst, der in einer sehr konservativen und sehr bourgeoisen Bürgerfamilie (»puritanisch, mit einem Schuss bigotter Katholizität«) aufwuchs, dann aber zusammen mit seinem Freund den Absprung nach Nordafrika schaffte, wo beide ihre Homosexualität leben und sie sogar – ungewöhnlich für diese Zeit

(1893) – auch moralisch gutheißen konnten. »Die Familie und das Christentum«, hat Gide später geäußert, seien das Haupthindernis für den Fortschritt zu Individualität und Freiheit. Man kann auch sagen: Niemand macht einem die Ablösung so schwer wie die Familie und das Christentum. Deshalb gibt Gide den Rat zu vergessen!

Hermann weiß es. Hermann, genannt Hermännchen, ist der Einzige aus der Familie Simon, dem es möglich war, das Gymnasium in Simmern im Hunsrück zu besuchen. Hermann ist der Held in Edgar Reitz' großer Bundesrepublik-Trilogie »Heimat«. Seine beiden älteren Brüder Anton und Ernst, die im Hunsrück bleiben, hält er für »verlogenes, spießiges Pack«. Ende der fünfziger Jahre, mit 18, gleich nach dem Abitur, verlässt Hermann Schappach, seinen Geburtsort, um in München Musik zu studieren. Er wird ein berühmter Dirigent und Komponist. Erst viel später, im dritten Teil, kommt er zurück in die Heimat: Mit Clarissa, seiner alten Liebe, schafft er sich in den neunziger Jahren in einem alten Haus oberhalb des Rheins eine neue Heimat. Doch das ist eine andere Geschichte als die des verlorenen Sohnes. Hermanns Weg zurück in den Hunsrück ist keine Heimkehr. »Ich ging in den Hunsrück zurück, aber ich bin nicht heimgekehrt. Das geht nicht«, heißt es am Ende des zweiten Teils der »Heimat«-Trilogie, die deutlich autobiographische Züge ihres Regisseurs Edgar Reitz aufweist. Vielleicht muss man sich so eine gelungene Rückkehr vorstellen.

Eltern sind für Kinder Fluch und Segen, Schicksal eben. Eine frühe Bindung zur Mutter schafft, wenn sie gelingt und stabil bleibt, für Kinder die Voraussetzung eines glücklichen Lebens. Hier bilden sich vorbewusst Loyalitäten heraus, die stärker sind als alle spätere Rationalität. Die Notwendigkeit dieses Urvertrauens für ein gelingendes Leben ist gleichzeitig der Grund für die Brutalität späterer Trennungserfahrung – erst recht, wenn wir es mit sozialer Entfremdung zu tun haben.

Keiner kann sich seine Eltern aussuchen. Sie prägen das eigene Leben zum Guten oder zum Schlechten, manchmal sogar über viele Generationen hinweg. Dass es in einer Gesellschaft ungleich zugeht, hat sehr damit zu tun, in welche Familie einer hineingeboren wird, es hängt hiervon viel mehr ab als von der Frage, ob dort, wo man lebt, ein kapitalistisches oder ein sozialistisches System herrscht. Herkunft lässt sich nicht überspielen. In der Familie werden die Gene weitergegeben, in der Familie wird der soziale Status vererbt. Die Familie ist dafür verantwortlich, dass es eine Klassengesellschaft gibt und dass wir diese Klassengesellschaft nie werden überwinden können. In der Familie wird Loyalität erwartet und Illoyalität bestraft.

Der Fachbegriff für eine von den Eltern unabhängige Chancengleichheit heißt »soziale Mobilität«. In einer perfekt mobilen Gesellschaft würde es keinen Zusammenhang zwischen dem sozialen Status der Eltern, also ihrem Einkommen und Bildungsgrad, und dem der Kinder geben. Das ist eine Utopie. Von 100 Akademikerkindern nehmen in Deutschland 74 ein Hochschulstudium auf. Bei Kindern aus Nichtakademikerfamilien sind es gerade einmal 21. Dass die Bildungsexpansion – also die seit dem Bildungsreformer Georg Picht in den sechziger Jahren ausgerufene Massenbewegung zum Besuch von höheren Schulen und Universitäten – mit einer verfestigten Bildungsungleichheit einhergeht, mag wie ein Widerspruch erscheinen, ist es aber nicht: Wenn ein Kind aus unteren Schichten eine Gymnasialempfehlung erhält, dann ist die Wahrscheinlichkeit, dass es die Eltern auch wirklich an einem Gymnasium anmelden, weniger als 40 Prozent, in den ärmsten Familien sogar gerade 20 Prozent. In den mittleren sozialen Milieus sind es 40 bis 80 Prozent, in den oberen Schichten gar 90 bis 100 Prozent. Bekommt ein Kind keine Gymnasialempfehlung, so ist die Reaktion darauf ebenfalls vom sozialen Milieu abhängig: Eltern aus unteren Schichten schicken das Kind nicht aufs Gymnasium, in den reichen und gebildeten Familien landen am Ende trotz der fehlenden Empfehlung rund 60 Prozent auf der höheren Schule.

Hat das hartnäckige Überleben der Klassengesellschaft womöglich seine Ursache darin, dass in Arbeiterhaushalten nicht bekannt ist, welch besseres Einkommen ein Studium bringt? Wissen die Leute nicht, dass staatliche Universitäten keine Studiengebühren verlangen und begabte Kinder Zugang zu einer Vielzahl von Stipendien haben? Bildungsforscher sagen inzwischen: Es ist kein Wissensproblem. Unterschiede in der Einschätzung von Kosten und Nutzen können die große Kluft im Bildungswillen zwischen Akademikern und Nichtakademikern nicht erklären.

Der mangelnde Aufstiegswillen wird also weder durch fehlende Institutionen (regional gleichmäßig verteilte Hochschulen) noch Unwissen über die Zugangsvoraussetzungen erklärt. Die (Bildungs-)Ökonomie kommt an ihre Grenzen. Gibt es womöglich bei Nichtakademikern, ausgesprochen oder unausgesprochen, die Furcht, ein höherer Bildungsabschluss könnte zu einer Entfremdung zwischen Eltern und

Kind führen, während umgekehrt bei Akademikern, ausgesprochen oder unausgesprochen, ein Gebot im Raum steht, den Bildungsabschluss der Eltern zumindest zu kopieren? So scheint es in der Tat zu sein: Klärt man Unterschichtkinder über die späteren finanziellen Vorteile eines Studiums auf, hat dies kaum eine Verhaltensveränderung zur Folge. Weist man sie aber darauf hin, dass Menschen, die einen höheren Bildungsabschluss gemacht haben als ihre Eltern, später eine größere Entfremdung von ihren Eltern und ihrer Familie empfinden, geht der Wunsch nach Aufstieg deutlich zurück. Akademikerkinder hingegen scheinen davon auszugehen, ein gutes Abitur und ein Studium seien gleichsam ein selbstverständliches Ziel und führten überdies zu einem Gefühl des Stolzes bei den Eltern. Weist man diese Akademikerkinder auch noch explizit auf diese materielle und immaterielle »Bildungsrendite« hin, erhöht das den Wunsch, das Bildungsniveau zu halten.

Loyalität ist somit in beiden Fällen die Erklärung: Aus Loyalität zur Herkunftsfamilie verbleiben Nichtakademiker in ihrer Klasse, selbst wenn sie sich dort nicht wohlfühlen oder spüren, dass sie mehr leisten könnten. Aus Treue zu Status und Habitus ihrer Eltern werden andererseits Akademikerkinder nur schwer vermeiden können, den Bildungsweg der Eltern zu imitieren. Keinen Verrat an der Herkunft üben zu wollen, ist ein wichtiger Grund für den Fortbestand der Klassengesellschaft. Ökonomen und Sozialingenieure, Liberale und Sozialisten stoßen an ihre Grenzen.

Wenn Aufklärung und Wissen zur Stärkung aufstiegsgetriebener Illoyalität nicht helfen, wer oder was hilft dann? Man könnte an Mentoren und andere Klassengrenzen verbindende Übersetzer denken – quasi als Helfer in den Diensten gelungener Illoyalität. Sie fungieren als eine Art »soziale Paten«, Befreiungshelfer auf dem Weg der Illoyalität. Die Soziologen sagen, dass erfolgreicher Aufstieg davon abhängt, ob für Kinder in frühen Jahren eine solche Patenschaftsbeziehung entsteht. Diese vermag die als »alternativlose« Totalität erlebte Welt eines Kindes produktiv zu stören: Der »Pate« oder die »Patin« tritt als Lebensmodell in Konkurrenz zum Vater, für den das Kind – zumindest partiell – zum »verlorenen Sohn« wird. Waisen oder Halbwaisen haben es da überraschenderweise sogar besser: Der Verlust eines Elternteils wird als Auflösung der Familie erlebt, was die zukünftige soziale Zugehörigkeit und Verortung öffnet – und die Pflicht zur familiären Loyalität lockert.

Der junge Cem Özdemir, geboren 1965 als Kind türkischer Gastarbeiter im württembergischen Bad Urach, in dessen Zuhause nur Türkisch gesprochen wurde, fand Herberge nachmittags zum Erledigen der Hausaufgaben bei der Oma seiner schwäbischen Klassenkameraden. Dies war im Grunde schon eine erste kleine Illoyalität gegenüber seiner Herkunftsfamilie. Die Eltern mussten erleben, dass andere mehr für ihren Jungen tun konnten als sie selbst. Aber sie haben es geduldet. Und als seine Kameraden dann ihre Zukunft in den Blick nahmen, wollte sich auch der Abiturient Cem nicht lumpen lassen. Zumindest ein Pädagogikstudium hat er sich zugetraut. Warum? Weil die anderen es ihm zutrauten. Später wurde aus ihm der erste anatolische Vorsitzende der deutschen Partei der Grünen und, wenn er Glück hat, womöglich der erste Außenminister einer schwarzgrünen Bundesregierung.

Cem Özdemir hatte seine »sozialen Paten«, die Oma, die Klassenkameraden. Bei mir war es ähnlich. Michael Müller hieß der Freund aus der Klasse. Sein Vater hatte ein in Baden-Württemberg bekanntes Sanitärunternehmen. Man wohnte auf der Stuttgarter Halbhöhe, Bopserwaldstraße, wo die besseren Leute und die Fabrikanten lebten. Im Garten gab es eine Hollywood-Schaukel und ein Kindermädchen, das nachmittags aus hohen Gläsern kalten Kakao servierte mit dicken Strohhalmen darin.

Die Müllers nahmen mich, den Neunjährigen, bei sich auf, nachdem meine Mutter früh gestorben war. Ich ging ein- oder zweimal die Woche zu ihnen zum Mittagessen und blieb anschließend noch dort. Man hat mir nie das Gefühl gegeben, dass ich nicht in diese Welt gehörte. Ich brauchte mich nicht schämen, war zwar unsicher, aber ohne die Sorge, mich danebenzubenehmen. Ein Glück. Womöglich hat mich das Mitleid ein wenig irritiert, das ich spürte, weil ich nun ja ein Halbwaisenkind war, während alle anderen Kinder in der Schulklasse beide Eltern noch hatten.

Michael Müller jedenfalls sagte irgendwann beiläufig, man werde nach der vierten Klasse ins Gymnasium wechseln und ich solle doch mitkommen. Ich hatte es mir, ehrlich gesagt, nicht zugetraut. Allenfalls Realschule kam für mich infrage, dachte ich. Aber Michael Müller wollte ich nicht verlieren. Und eines hatte ich mitgekriegt: So viel gescheiter als ich war der Michael auch nicht. Zu Hause gab es keinen Widerstand: Ohne dass es mir klar war, konnte ich im Schmerz des Verlustes der Mutter auch von Glück sprechen. Denn da war eine Leerstelle der künftigen Entwicklung, eine Offenheit, die nicht durch die Herkunftsfamilie torpediert wurde. Der Vater war der Sache gegenüber neutral eingestellt. Er nahm den Weg zu Gymnasium und Studium hin, förderte es nicht groß, wollte es aber auch nicht verhindern. Dass es mehr und mehr eine tiefe Sprachlosigkeit zur Folge hatte, wussten wir beide damals noch nicht.

Früher spielte der örtliche Pfarrer eine wichtige Rolle. Er verkörpert seit Jahrhunderten die prototypische Figur eines sozialen Paten. Ihn konnte ein Aufsteiger als Vorbild eines »studierten Herrn« nehmen. Der Pfarrer war vor Ort, in jedem kleinen Dorf. Er lernte die Mädchen und Jungen im Schulunterricht oder als Konfirmanden- bzw. Kommunionkinder kennen. Dort konnte er sich ein Bild von ihrer Begabung machen. Wenn es jemandem gelang, die unstudierten Eltern – vor allem die Mütter – dazu zu bringen, ihr begabtes Kind an die Universität zu schicken, dann waren es diese Priester und Pastoren. Sie besaßen Autorität bei den Müttern, ihnen zu widersprechen, wagten diese Mütter nur zaghaft.

Sie spürten zwar unbewusst, dass der Preis des Aufstiegs der Kinder Entfremdung heißen würde. Aber sich gegen den Rat des Pfarrers zu stellen, das getrauten sie sich nicht – denn es hätte die Autorität des Pfarrers als Vertreter der göttlichen Ordnung, der ja auch studiert hatte, infrage gestellt. In der Beichte bekam der katholische Pfarrer Einblick in das Innenleben des Jugendlichen, was abermals die Chance erfolgreicher Intervention im Interesse des sozialen Aufstieges erhöhte. Der Pfarrer hatte ein geheimes Wissen, das er mit niemandem teilen musste, welches ihm zusätzlich Autorität verlieh. Diese Pfarrer kann man also mit Fug und Recht als eine Art Aufstiegshelfer bezeichnen. Sie ermöglichen den

Auszug und überbrücken ihn zugleich. Schade, dass dies heute alles Geschichte ist.

Wer könnte heute die Stelle des Pfarrers als »sozialer Pate« übernehmen? Vielleicht die Eltern oder Großeltern der Freunde und Freundinnen, sofern sie einem anderen Milieu angehören? Solche Paten vermitteln konkrete Einblicke in die neue soziale Welt, bereiten eine Art Übungsfeld für Aufsteiger und senken die Kosten des Wechsels. Solche Milieus wirken dem Sog der Loyalität entgegen. Lehrer oder andere pädagogische Fachkräfte taugen als soziale Paten eher weniger, erklären die Soziologen, obwohl sie doch von Berufs wegen dazu berufen wären.

Doch womöglich sind jene Personen als soziale Paten besser geeignet, die anders als Lehrer und Erzieher von den täglichen Sanktionspflichten enthoben sind und insofern entspannter auf den Bildungsprozess der Kinder schauen. Allemal gilt es, so hart das klingt, die Stärke aufzubringen, sich von den Paten wieder zu emanzipieren, nachdem sie »ihre Schuldigkeit getan haben«. Wenn es gelingt, muss das nicht das Ende der Beziehung sein, aber das Ende ihrer Rolle als transitorisches Vorbild.

Starke soziale Bindungen sind nicht immer gut. Gruppen, Familien erst recht, neigen dazu, sich im Verlauf der Beziehungsentwicklung nach außen abzuschließen und nach innen sich verstärkende Loyalitätskaskaden aufzubauen. Das hat Mark Granovetter, ein in Stanford lehrender Ökonom und Soziologe, schon 1973 in seinem Aufsatz über die »Stärke schwacher Bindungen« festgestellt. Emotionale Intensität und Intimität verlieren leicht den Blick nach außen. Schwache Beziehungen, die wir zu Paten oder Mentoren im Vergleich zur Klebrigkeit der Elternbindung haben, bringen uns in Kontakt zur Umwelt außerhalb unserer Peergroup, nötigen uns, neue Usancen (was tut man, was gehört sich, wie isst man, wie kleidet man sich?) und Erfahrungen zuzulassen und fremde Meinungen ernst zu nehmen, statt sie zu bekämpfen. Die Stärke schwacher Bindungen liegt darin, dass Menschen einen Zugriff auf für sie unbequeme oder neue Informationen bekommen.

Loyalität indessen, eine starke Bindung, ist ein Aufstiegsblockierer. Vollends kompliziert, nahezu unüberwindlich wird die Blockade, wenn das Verbot nicht nur die eigene Familie ausspricht, sondern ein ganzer Clan, der sich der Assimilation verweigert. Cem Özdemir zählte eher zur Minderheit im meritokratisch-schwäbischen Bad Urach. Sich der Mehrheit anzupassen, wurde nicht als Zeichen der Schwäche empfunden. Und die Eltern waren früh gewillt, sich den Werten der schwäbischen Leistungsgesellschaft zu unterwerfen. Sie verließen sogar die erste Wohnung, weil es »zu viele Türken« in der Nachbarschaft gab, wechselten in eine »deutsche« Umgebung. Das ist nicht untypisch für Gastarbeiterbiographien in den sechziger und siebziger Jahren. Es setzt den Willen zur Integration voraus. Und die Hoffnung auf Assimilation, also die Übernahme der »deutschen« Werte, was mehr ist als nur die Beherrschung der deutschen Sprache.

Es gibt Konstellationen, die den sozialen Aufstieg und den dafür notwendigen Loyalitätsbruch erleichtern. Und es gibt Milieus, die ihn erschweren. Man möge sich für einen Moment vorstellen, was passiert wäre, wenn Cem Özdemir zehn Jahre später am Kottbusser Tor in Berlin-Kreuzberg aufgewachsen wäre. In einer mehrheitlich türkischen sogenannten Parallelwelt, die einen Ausbruch als Verrat am gesamten Clan geahndet hätte. Eine Welt übrigens, die von wohlwollenden deutschen Multikultis lange Zeit derart kultiviert und stabilisiert wurde, dass sie ihr politisches Sinnen und Trachten auf den Erhalt ihrer religiösen und kulturellen Besonderheit gelegt hatten. Gutes Beherrschen der türkischen Sprache war wichtiger als das Erlernen der deutschen Sprache – und der zivilisatorischen Codes, die für die erfolgreiche Assimilation essenziell sind. Die Prognose ist nicht gewagt, dass in diesem Fall das Risiko groß gewesen wäre, den Clan nie zu verlassen. Gewiss, man muss nicht Vorsitzender der Grünen-Partei werden. Man kann auch auf andere Weise glücklich sein. Aber der Freiheitsgewinn des Bildungsaufstiegs – und, by the way, der Einkommensgewinn – ist eben doch groß.

Kommen wir im Lichte dieser Familiengeschichten noch einmal auf das Grundsätzliche zurück: Loyalität gibt es überall, aber ganz besonders in der Familie. Man spricht von Familienbanden, was bekanntlich doppeldeutig verstanden werden kann. Die verpflichtende Zugehörigkeit, die für die Loyalität charakteristisch ist, kann durch unterschiedliche Symbole oder Handlungen bekräftigt werden. Etwa durch das Sakrament der Ehe, in dem lebenslange Treue versprochen wird, »bis dass der Tod euch scheidet«. Oder einen Eid, mit dem der Minister bekräftigt, nur zum Wohle des Volkes zu arbeiten, der Arzt verspricht, nur die Gesundheit seiner Patienten im Sinn zu haben, oder der Fahneneid, bei dem der Soldat gelobt, sein Heimatland zu verteidigen. Es können Lieder sein oder gar Kampfgesänge, mit denen die Fans eines Fußballvereins einander und ihrem Club absolute Loyalität versprechen. Orden sind Auszeichnungen für erwiesene und Unterpfand für künftige Treue. Die Loyalität kennt viele solcher performativen Bestätigungsakte.

Zur Verpflichtung, welche die Loyalität zwingend ausübt, gehört die Begünstigung der eigenen Gruppe: der »Ingroup-Favoritism«, wie wir das im vorigen Kapital genannt haben. Gruppenmitglieder werden privilegiert behandelt, nicht aufgrund von erworbener Leistung oder freier Entscheidung, sondern einzig aufgrund der Tatsache, dass sie der Gruppe angehören. Diesem Gebot sich zu fügen, ist Pflicht. Loyalität gilt im Nahbereich. Sie gerät damit schon rein begrifflich in Widerspruch zur universalen Solidarität, die Gleichbehandlung jenseits von Klassengrenzen oder gar die Gleichbehandlung aller Menschen verlangt.

Loyalität kann der Freiheit des Einzelnen im Wege stehen. Sie bleibt haften. Einem Kleber gleich, stark wie Leim, blockiert sie Ablösung, Veränderung und Aufbruch. Der israelische Philosoph Avishai Margalit spricht vom »Glue of Thick Human Relations«, einem Klebstoff enger menschlicher Beziehung, aus dem sich zu lösen schwer, wenn nicht unmöglich ist. Als Synonyme finden wir textile Bilder: den Knäuel, den Filz, die Fesseln. Alles ist verheddert oder verknotet, verklebt, gar verfilzt. Der Filz ist ein textiles Flächengebilde aus einem ungeordneten, nur schwer zu trennenden Fasergut – seine Auftrennung, wenn sie überhaupt möglich ist, braucht enormes Geschick und kostet in jedem Fall viel Kraft.

Wenn sich Verhältnisse verfilzt haben, stehen sie in einer kaum mehr lösbaren Verbindung zueinander. Wenn eine

Gesellschaft verfilzt ist, dann fehlt ihr sämtliche Kreativität und Dynamik. Dann wird sie langsam einschlafen. Eine Gesellschaft, in der es allein Loyalität gäbe, müsste nach innen erlahmen, selbst wenn sie sich nach außen in aktiver Feindschaft am Leben erhalten könnte.

Zusammenfassung: Die Loyalitätsfalle kennen wir immer schon aus der Familie. Die Familie zu verlassen, ist ein gefährliches Unterfangen. Der Weg zur Autonomie wird uns schwer gemacht, ist mit unangenehmen Gefühlen von Scham und Entfremdung verbunden. Wer Glück hat, findet Hilfe bei »sozialen Paten«, die die soziale Mobilität erleichtern.

Wie geht es weiter? Warum hat Loyalität einen so uneingeschränkt guten Leumund? Loyal, folgsam, treu zu sein, gilt fast immer als eine Tugend. »Ein loyaler Mitarbeiter« ist ein guter Mitarbeiter. Dass Loyalität eine Tugend ist, ist bereits daran zu erkennen, dass die Gegenbegriffe negativ besetzt sind: Wer will schon illoyal oder untreu sein. Wer unfolgsam ist, ist ein Rebell. Wer illoyal ist, ist ein Verräter und Außenseiter. Oder ein Whistleblower. Was aber macht der Vorwurf des Verrats mit dem Whistleblower?

Kapitel 3

DIE FIRMA

BEI DER MONTAGE von Tragflächen für Kampfflugzeuge müssen Schrauben in vormontierte Muttern eingeführt werden. Durch Ungenauigkeiten im Fertigungsprozess gelingt das nicht immer reibungslos. Warum also keinen Gewindebohrer einsetzen, um ein wenig nachzuhelfen? Das ist natürlich strikt verboten, weil es dazu führen kann, dass sich die Schrauben leichter lösen – im schlimmsten Fall wäre der Absturz eines Flugzeugs zu befürchten.

Trotz des Verbots wird der Bohrer eingesetzt. Jeder Arbeiter hat Zugang zu einem Bohrer, die Hälfte von ihnen besitzt sogar ein eigenes Exemplar. Auch die hauseigene Qualitätssicherung duldet den Verstoß. Warum? Weil der Verstoß es möglich macht, die strengen Zeitvorgaben zu erfüllen. Das einzige Problem sind die Kontrolleure der Luftwaffe (intern »Gestapo« genannt) – wenn sie auftauchen, warnen die Arbeiter einander und lassen die Bohrer so lange verschwinden, bis auch die Kontrolleure verschwunden sind. Trotz des Verbots wird der Bohrer eingesetzt.

Die Geschichte der verbotenen Gewindebohrer stammt aus der amerikanischen Nachkriegszeit. Sie veranschaulicht das Muster von Fällen »nützlicher Illegalität« (Niklas Luhmann): Es geht um Verstöße gegen interne Regeln einer Firma und, wenn es schlimm kommt, auch gegen staatliche Gesetze. Solche Verstöße sind nützlich und funktional im Sinne des Unternehmenszwecks – sie verkürzen Abläufe, sparen Geld. Oder anders: Man handelt zwar gesetzeswidrig, aber für einen »guten Zweck« (jedenfalls so lange, wie die Praxis nicht auffliegt). Die meisten Kollegen wissen davon, ahnen dumpf, dulden stillschweigend. Anders als im Märchen gibt es deshalb keinen eindeutigen Schurken, den man hinterher verantwortlich machen könnte. Man will das Unrecht nicht sehen, würde es noch nicht einmal als ein solches benennen.

Überraschenderweise sind Fälle des systematischen Regelbruchs nicht die Ausnahme, wie man gern annimmt, sondern eher die Regel. Der Bielefelder Soziologe Stefan Kühl weiß: Organisationen brauchen zwar einerseits Regeln, um berechenbar zu sein. Zur »situativen Anpassung« sind aber Regelbrüche erforderlich, welche das Funktionieren von Unternehmen aufrechterhalten.

Denken wir nur an den großen Skandal bei Volkswagen, als eine manipulative Software in den Autos verbaut wurde, um den vorschriftsgemäßen Ausstoß von Stickoxiden vorzutäuschen. Denken wir an die Skandale bei den Banken vor und nach der Finanzkrise, als Zinsen manipuliert, Steuern in großem Stil unterschlagen und den Kunden überhöhte Gebühren abgeknöpft wurden. Das alles sollen Ausnahmen sein? Wir halten solche Fälle für Ausnahmen, weil insgesamt nur wenige Skandale auffliegen.

Wie kann es sein, dass selbst eklatanteste Fälle von Täuschung und Betrug lange unerkannt bleiben? Auf die scheinbar komplexe Frage gibt es eine einfache Antwort: Loyalität. Loyalität, so hatten wir definiert, wirkt als warmes und soziales Bindemittel starker Verpflichtungen. Loyalitätserwartungen gelten in vielen Bereichen. Vor allem in der Firma. Zuwiderhandlungen werden aufs Schärfste geahndet. Man kann das illegale Verhalten von Unternehmen moralisieren und kriminalisieren. Man kann neue Gesetze erlassen, informelle (genannt »Compliance«) oder auch strafrechtliche Normen verschärfen. Es wird wenig an der Regelhaftigkeit des Regelbruchs ändern, glaubt Stefan Kühl: Die Moralisierung des Regelverstoßes ist müßig, führt aber mit Sicherheit zu mehr Heuchelei.

Peter L. kann davon ein Lied singen. Peter L., so entnehmen wir es einer Reportage im »Stern«, war Anfang des Jahrtausends ein junger Motorenentwickler bei Volkswagen in Wolfsburg. Er wollte die Computerbefehle aus der Steuerungssoftware zur Abgasreinigung eines Dieselmotors, die den Motor auf dem Prüfstand manipuliert, entfernen. Er war bei seinem Chef, er war beim Vorgesetzten seines Chefs. Weil er dachte, sie seien ebenfalls der Überzeugung, dass man nicht betrügt. Dass man anständig ist. Aber Peter L. sollte sich täuschen. Natürlich hat keiner offen ausgesprochen, dass VW ein betrügerisches Unternehmen ist. Stattdessen haben die Vorgesetzten Peter L. gescholten, dass er sie mit solchem Kleinkram behellige. Sie haben sich rausgeredet, dass »so etwas« doch alle machen. Das Ergebnis: Schweigen. Loyalität braucht viel Schweigen. Auch Peter L hat am Ende mitgemacht, er hatte ja sein Bestes getan. Schließlich rechtfertigte er seinen Opportunismus damit, dass er selbst ja nichts Unrechtes tue. Er schaffe lediglich technische Möglichkeiten, die andere dann mit Daten füllen. Und er habe ja die ganze Sache nicht selbst entschieden, sondern nur ausgeführt, was ihm aufgetragen worden sei.

Wer wollte den ersten Stein gegen Peter L. werfen? »When an organization wants you to do right, it asks for your integrity; when it wants you to do wrong, it demands your loyalty«, lautet ein englisches Sprichwort. Das Sprichwort weiß etwas von der unanständigen Zumutung der Loyalität, plaudert quasi nebenbei aus, dass Loyalität und Illegalität nah beieinanderwohnen. Die Unternehmen haben gute Gründe, warum sie gerade Loyalität als Kitt benützen. Sie schreibt sich als positive Wertvorstellung in die DNA der Mitarbeiter ein.

Oder anders gesagt, sie bedient sich der selbstverständlichen Privilegierung der eigenen Gruppenmitglieder, die uns stammesgeschichtlich angeboren ist. Gruppen, die über Loyalität funktionieren, sind wesentlich stabiler als Gruppen, die das Verhalten über Anreize steuern. Das mussten viele Unternehmen erfahren, die in den vergangenen Jahren das gesamte Verhalten ihrer Mitarbeiter durch äußere Anreize (»Incentives«) steuern wollten und dabei die quasi intrinsisch wirkende Loyalität der Mitarbeiter zu ihrer Firma unterminierten.

Denn illoyal zu sein, ist furchtbar schwer. Dazu reicht ein Blick auf das Schicksal der sogenannten Whistleblower. Whistleblower sind Angestellte eines Unternehmens, die illegale Dinge intern melden oder gar extern öffentlich machen. Nicht selten ist es sogar ihre dienstliche Pflicht. Am Ende sind es gebrochene Menschen. Sie sind zerbrochen an der Vergeltungsmacht der Institution, häufig sogar am eigenen schlechten Gewissen: Weil sie es nicht aushalten, ihre früheren Kollegen gemeldet zu haben, und dies als Verrat empfinden.

Es lohnt ein genauere Analyse des Whistleblowing, denn hier klaffen Heroisierung und Realität eklatant auseinander. Whistleblower sind die Lieblinge von Hollywood. Hier plötzlich loben und lieben wir die Illoyalität, auch wenn wir das Wort nicht verwenden. Wir alle lieben sie, weil sie dem Robin-Hood-Schema so perfekt entsprechen: einer gegen alle. Der eine ist gut, die anderen sind böse. Unerschrocken, nur der Wahrheit und seinem Gewissen verpflichtet, zieht der Whistleblower sein Ding durch. Und erhält dafür Ruhm und Ehre und den Applaus der Gesellschaft. Es ist das Muster des heroischen Einzelnen, der einen Großkonzern oder den Staat in die Knie zwingt – und zurück zu moralischem Handeln.

Noch am ehesten erfüllt Edward Snowden dieses Klischee. Kein Wunder, dass seine Geschichte in kurzer Zeit schon zweimal verfilmt wurde. Im Jahr 2019 hat er auch noch seine Memoiren geschrieben, sie wurden zum Bestseller. Darin geht es nicht nur um eine Firma, sondern um die Staaten der Welt und ihre Geheimdienste. Zutaten für einen Thriller.

Die Story kurz zur Erinnerung: Aus Liebe zu seinem Heimatland, also aus Patriotismus, meldet sich Snowden, aus einer Militärfamilie stammend, 2003 zum Einsatz im Irakkrieg. Später kommt er zum US-Geheimdienst CIA, wo er auf die virtuelle Bekämpfung des Terrorismus angesetzt wird. Dabei lernt er Programme kennen, mit denen die US-Geheimdienste auf Millionen Daten von Nutzern von Internetfirmen wie Facebook und Google zurückgreifen können – ein beispielloser Fall von Massenüberwachung, den Snowden publik machen will. Er weiß, dass diese Tat gegen die Gesetze verstößt, hat sich aber vorgenommen, so lautet die inzwischen berühmte Wendung, »ein Verbrechen zu begehen, um ein noch viel größeres offenzulegen«.

Seither ist Snowden auf der Flucht – zuletzt in Russland gelandet, dem einzigen Land, das bereit war, ihn aufzunehmen. In den USA erwartet ihn der Prozess, schlimmstenfalls die Todesstrafe als Hoch- und Landesverräter. Seine Tat spiele dem Feind in die Hände, lautet der Vorwurf, also ebenjenen Cyberkriminellen, vor denen wir alle uns schützen müssen. In der Verurteilung seiner Tat und was die mutmaßliche Gefährdung der Sicherheit der USA betrifft, sind sich Joe Biden, Donald Trump und Barack Obama auffallend einig. Snowden selbst nennt seine Tat einen »Akt zivilen Ungehorsams im Zeitalter der totalen Überwachung«. Und beruft sich immer wieder auf das Gewissen: Er gehe jede Nacht mit der Gewissheit ins Bett, für seine Überzeugungen gekämpft zu haben.

Der Fall funktioniert geradezu mechanisch: Datenüberwachung ist böse, CIA ist böse, Trump ist böse. Schon damit steht fest: Snowden ist gut. Er ist unser Anwalt, der heroische Einzelne, verfolgt und durch die Welt getrieben, Asyl erhaltend in Russland, der »lupenreinen Demokratie« Putins. Tatsächlich wirft der Fall Snowden, gerade in seinem Hollywood-Design, gewichtige Fragen auf: Wie würden wir reagieren, wären wir an der Stelle eines demokratisch gewählten Präsidenten der USA? Kommt da nicht ein klein wenig Verständnis auf für die Zumutung von Loyalität? Würden wir nicht verlangen, dass Kritik nicht nach außen dringen darf? Wo kämen wir hin, wenn sich jeder Bürger auf sein Gewissen berufen dürfte, um Taten zivilen Ungehorsams (eine reichlich offene Formulierung) zu legitimieren? Mit dem Gewissen ist kein Staat zu machen, so viel ist gewiss. Wir werden darauf zurückkommen.

Es geht bei all diesen Fällen von Illoyalität sehr viel um die Sprache. »Illoyal« klingt problematisch, »Whistleblowing« klingt heroisch, »Leak«, also der Ort der Verantwortung für die undichte Stelle, klingt schon schlechter, »Verräter« klingt böse. Illoyalität ist ein besonders gutes Beispiel für Ambiguität: Die Beurteilung ändert sich je nach Beschreibung des Sachverhaltes. Ein Freund und Unternehmer, dem ich davon erzählte, ich schriebe einen Essay über die Loyalität und Illoyalität, bekannte sich offen zu seiner schizophrenen Haltung: Natürlich habe er höchste Hochachtung vor Whistleblowern, ihrem Mut und ihrer Risikofreude. Er bewundere auch deren moralische Standhaftigkeit. Sollte sich aber jemand mit einer Whistleblower-Geschichte im Lebenslauf in seiner Firma als Mitarbeiter bewerben, würde er ihn nicht einstellen. Denn natürlich brauche er loyale Mitarbeiter und nicht Leute, denen nicht zu trauen sei. Loyalität, soll das wohl heißen, ist eine innere Treueverpflichtung zur Firma. Für einen Vorgesetzten ist sie ein unschätzbares Asset, das jeden Mitarbeiter wertvoll sein lässt. Mit »Dienst nach Vorschrift« fügt man jedem Unternehmen auf Dauer Schaden zu. Loyalität erhält der Arbeitgeber gleichsam gratis.

Der Whistleblower dagegen gilt als Prototyp der erwünschten Illoyalität. Wir stellen ihn uns vor als einen unbescholtenen Mitarbeiter eines Unternehmens, der, aus welchen

Gründen auch immer, Zeuge schmutziger Geschäfte in der Firma wird. Damit geht er zu seinem Chef, wenn das nicht fruchtet, zu den Medien oder zum Staatsanwalt und prangert die Sauereien an. Es folgen Untersuchungen und ein Gerichtsverfahren mit Schuldspruch für das Unternehmen. Nichts davon entspricht der Wirklichkeit. Das Muster erfüllt zwar all unsere narrativen Erwartungen, die Realität sieht aber ganz anders aus. Der Normalfall ist: Whistleblower scheitern. Anstatt auf dem Siegerpodest der unerschrocken Aufrechten landen sie viel wahrscheinlicher in der Psychiatrie.

Denken wir nur an Gustl Mollath, zugegeben ein extremes, aber kein atypisches Beispiel. Mollath hatte Wind bekommen von Schiebereien (Schwarzgeld, Steuerhinterziehung) der HVB-Bank, an denen seine Frau als freie Vermögensberaterin beteiligt war. Doch Mollath gelang es nicht, diese Entdeckung öffentlich bekannt und plausibel zu machen, weil seine Frau ihm zuvorgekommen war und es schaffte, ihn mit dem Vorwurf, sie geschlagen zu haben, vor Gericht zu bringen, welches ihn für unzurechnungsfähig erklärte und im Jahr 2006 in die Psychiatrie einweisen ließ – wo er sieben Jahre lang hinter Gittern blieb. Mollaths Entdeckungen über die Schwarzgeldgeschäfte hielt der Richter für Hirngespinste eines Verrückten, bis die HVB am Ende selbst zugab, dass zumindest Teile davon der Wahrheit entsprächen und fortan auf die Dienste von Frau Mollath verzichtete.

Das ist kein Einzelfall: Kriminalisierung und Psychiatrisierung werden als Waffe genutzt, um Whistleblower mundtot zu machen, sagt die Whistleblower-Expertin Kate Kenny, die 2019 eine große Analyse der innerbetrieblichen Illoyalität mit vielen instruktiven Fallstudien vorgelegt hat. Mollath musste mehr als sechs Jahre der Haft erdulden, bis sein Prozess neu aufgerollt wurde und er schließlich freigesprochen wurde.

Weil der Fall Edward Snowden wie auch der Fall Gustl Mollath großes Aufsehen erregt haben und deshalb als Ausnahme gelten könnten, müssen wir uns noch einige eher unspektakuläre Fälle von Whistleblowing genauer ansehen, um das Wesen der Loyalität zu ergründen und zu verstehen, warum es so schwer ist, der Loyalitätsfalle zu entkommen. Warum ist das Lob der Illoyalität häufig nur ein Lippenbekenntnis? Weil niemand es mit Verrätern zu tun haben will.

Am 25. März 2008 erhält Stéphanie Gibaud, Kundenbetreuerin bei der Schweizer Großbank UBS in Paris, von ihrem Vorgesetzten die Anweisung, alle Kundendaten in ihrem Computer auf der Stelle zu löschen. Sie vermutet, Hintergrund der Weisung sei der offenbar nicht unbegründete Vorwurf, die Bank habe Steuerflüchtlinge unter ihren Kunden und werbe gar aktiv Schwarzgeld an. Gibaud weigert sich, die Kundendaten zu löschen, muss freilich eines Tages feststellen, dass wichtige Daten auf ihren Computerdokumenten verschwunden sind. Offenbar hat sich jemand unerlaubt Zugang zu ihrem Computer verschafft.

Warum weigert sich Gibaud, die Daten zu löschen? »Für mich war es eine Frage des Vertrauens in UBS«, erklärt Gibaud in einem Interview mit der »NZZ am Sonntag« im Februar 2019: »Acht Jahre ging ich davon aus, dass die Bank keine Steuerbetrüger anwirbt. Nun musste ich plötzlich annehmen, dass ich getäuscht wurde.« Diese Antwort ist typisch: Für Whistleblower prallen offenbar zwei Loyalitätserwartungen aufeinander. Die Treue gegenüber dem Unternehmen und eine Art »höherer« Loyalität und Treue gegenüber den eigenen Werten oder dem Glauben an das Gute im Unternehmen, welche den Ungehorsam legitimieren.

Gibaud hat den Anweisungen des Vorgesetzten Folge zu leisten, auch wenn es keine Begründung dafür gibt. Aber sie sagt auch, ihre Loyalität beziehe sich auf das Vertrauen in eine Bank, die nichts Unrechtes tut. Sollte sie Anlass haben, dies zu bezweifeln, erlöscht aus ihrer Sicht die Loyalitätspflicht. Das ist deshalb interessant, weil es doch zeigt, dass niemand illoyal sein will. Lieber konstruiert man zwei Stufen der Loyalität: Stéphanie Gibaud versteht sich als eine Mitarbeiterin, die zu ihrem Ideal einer moralisch anständigen UBS loyal ist, nicht zu einer betrügerischen UBS. Jenes oben zitierte Sprichwort, dem zufolge eine Organisation für Fehlverhalten Loyalität verlangt, ist ihr offensichtlich unbekannt: Wer von anderen Loyalität fordert, begibt sich in schlüpfriges Gelände.

Genützt hat es alles nicht. Die Bank wollte Stéphanie Gibaud entlassen, was vom Arbeitsgericht verhindert wurde. Doch ihr Leben in der Bank sollte fortan zur Hölle werden. Vom Vorgesetzten wurde sie geschnitten, sie erhielt keine Arbeitsaufträge mehr, was sie psychisch stark belastete. Anfang 2012 musste sie die Bank endgültig verlassen – und hatte noch eine Klage der Bank »wegen Rufschädigung« am Hals. Die Annahme, ihr moralisch integres Verhalten nütze ihr bei der Jobsuche, erwies sich als falsch. Wegen ihrer Vorgeschichte als Whistleblowerin fand sie keine neue Stelle –

trotz 26 Jahren erfolgreicher Erfahrung in der Finanzindustrie und guten Arbeitsmarktbedingungen.

Whistleblower werden gelobt, aber niemand will sie haben. Heute lebt Gibaud von Sozialhilfe. Nach langem Gerichtsstreit war die Bank bereit, eine Entschädigung von insgesamt 3000 Euro zu leisten. In den USA gibt es eine andere Praxis. Dort existiert eine Art Kronzeugenregelung für Whistleblower: Bradley Birkenfeld, der Mann, der dort den UBS-Skandal ins Rollen brachte, erhielt zum Dank 104 Millionen Dollar vom Staat, obwohl er gegen Gesetze verstoßen hatte. In den USA ermuntern Incentives zum Whistleblowing.

»Broken Lives Against Organisational Power« – so ist die berühmte Studie des Psychologen C. F. Alford zum Whistleblowing aus dem Jahr 2001 überschrieben: Zerstörte Leben gegen die Macht der Organisation. Im Kampf zwischen der Macht der Konzerne und der Moral der Whistleblower siegt in den meisten Fällen die Firma. Eine Firma ist eine autoritäre Veranstaltung mit klaren Berichtslinien, kein Ort herrschaftsfreier Diskurse. Doch das autoritäre Schema der Macht würde nicht funktionieren, gäbe es nicht die Loyalität als starken Kleber, der die autoritäre Struktur der Organisation in die Dynamik innerer Motivation überträgt.

Nicht Zuckerbrot und Peitsche halten ein Unternehmen zusammen, sondern das »warme Band der Zugehörigkeit«, mit dem die Menschheit einst ihren Weg durch die Geschichte begonnen hat, wie wir wissen. Whistleblower sind daher ungeliebte Störenfriede, sie sind es selbst dann, wenn sie formal als Compliance-Beauftragte die Pflicht haben, Unregelmäßigkeiten zu melden. Die meisten Verfahren werden nämlich von solchen offiziell beauftragten Whistleblowern gemeldet. Aber auch sie verlaufen in aller Regel alles andere als heldenhaft.

Bei Kate Kenny, einer Wirtschaftsprofessorin in Galway/Irland, kann man den »idealtypischen Verlauf« nachlesen, der dem Illoyalen in einer Firma dräut. Mit Ignorieren (1) fängt es an. So landen etwa Auffälligkeiten, dass eine Bank ihren reichen Kunden – die nicht so genau hinschauen – überzogene Gebühren aufbrummt, auf der langen Bank und anschließend im Nirwana. Meldungen, dass im Bistum Boston Priester sich an Kindern vergehen, fallen durch den Rost. Vertuschen und verzögern steht auf der Tagesordnung. Das Unrecht versickert im bürokratischen Dschungel.

Bleibt der Whistleblower hartnäckig – und nur starke Naturen mit einem Hang zum »moralischen Narzissmus« schaffen das – und entschließt er sich gar, an die Öffentlichkeit zu gehen, folgt zunächst auch wieder Ignorieren, dann Schikanieren (2), Isolieren (3) und Exkludieren (4). Das kann man ohne Übertreibung als eine Art von anschwellender Folter beschreiben und erklärt sich aus dem Drang der Firma nach Vergeltung: Der Whistleblower ist ein Nestbeschmutzer. Das kränkt die Bewohner des Nestes, und sie lassen es ihn mit allen rechtlichen und psychologischen Mitteln spüren.

Am schlimmsten sind die Selbstzweifel (5): »Bin ich das Problem?«, sagt der Whistleblower und glaubt, er sei einer Täuschung unterlegen, bekommt ein schlechtes Gewissen, fühlt sich selbst als Verräter. Er leidet unter der Isolation, die Gemeinschaft fehlt ihm. Er gibt sich selbst die Schuld, macht sich die Vorwürfe der anderen zu eigen – und schilt sich als illoyal. Das Scheußliche daran: Der Whistleblower beraubt sich der Möglichkeit, wütend auf den Widerstand gegen ihn zu sein und auf die, die er anklagt. Er wendet die Schuld nach innen, findet, sein Schicksal geschehe ihm gerade recht.

Das sind Stufen der Zerstörung einer Persönlichkeit. Verwundert es da noch, dass viele Whistleblower – denken wir an Peter L. bei VW in Wolfsburg – früh aufgeben und sich damit beruhigen, ja nicht selbst für den Betrug verantwortlich zu sein, also keine Schuld auf sich geladen zu haben, also auch keine Verpflichtung zu spüren, den Kohlhaas zu geben! Opportunisten leben komfortabler als Verräter.

Einer, der nicht aufgegeben hat, ist der »Spiegel«-Journalist Juan Moreno, der den Fall Relotius aufdeckte, nach den gefälschten Hitler-Tagebüchern im »Stern« sicher der größte Betrugsskandal im deutschen Journalismus. Moreno, mit der nötigen Portion von moralischem Narzissmus ausgestattet, hatte lange schon Zweifel daran, wie der Kollege Claas Relotius regelmäßig und in solch großer Zahl grandios investigativ recherchierte Geschichten ausgraben konnte. Doch selbst als er zusammen mit Relotius eine Reportage von der mexikanisch-amerikanischen Grenze schreiben muss, für die jener nur erfundene Texte liefert von Orten, die er nachweislich nie besucht haben konnte, traut Moreno seinem eigenen Betrugsverdacht nicht und versucht stattdessen, die von ihm beobachteten Unregelmäßigkeiten für sich plausibel zu erklären. Wir gehen offenbar davon aus, dass Vertrauen gerechtfertigt ist, und wollen nicht wahrhaben, dass Misstrauen angebracht wäre. Das ist eine zutiefst menschliche Annahme, die freilich nicht selten enttäuscht wird.

Als Moreno schließlich sicher ist, dass Relotius betrügt, erlebt er die geballte aggressive Wucht seiner Vorgesetzen, die ihn als Neider bloßstellen wollen, ihm Illoyalität aus niederen Motiven von Neid und Missgunst unterstellen und am Bündnis mit Relotius auch deshalb so lange festhalten, weil sie spüren, dass die Geschichte auf sie zurückfallen dürfte, sollte Moreno recht haben. Auch in dieser Phase der Aufdeckung plagen Moreno noch Selbstzweifel, nicht zuletzt, weil Relotius ein so perfekter und ebenso sympathischer Hochstapler und Betrüger ist und wir stets zu der Annahme neigen, Betrüger müssten unsympathische Menschen sein (wie wir auch denken, große Denker und Künstler müssten sympathische Leute sein).

Kurzum: Am Ende übt auch der »Spiegel«, obwohl grenzenlos düpiert, Vergeltung an Moreno, verweigert eine Kooperation bei dessen nachträglicher Aufarbeitung der Geschichte. Und, als paradox-ironischer Gipfel der Geschichte, lässt Relotius über seinen Anwalt Moreno als Fälscher bezeichnen. Dann sieht es schon nicht mehr so schlimm aus: Relotius ist eben ein großer Fälscher, Moreno ein kleiner. Und aus großen Fälschern kann am Ende noch Großes werden, wie man an der Karriere des Malers Wolfgang Beltracchi erkennt, dessen Werke heute auf dem Kunstmarkt hohe Preise erzielen.

Unternehmen sind »gierige Institutionen«, eine These des heute fast vergessenen amerikanischen Soziologen Lewis Coser: Sie wollen alles. Institutionen verlangen von ihren Mitgliedern ungeteilte Aufmerksamkeit und Gehorsam. Dies geschieht durch die Herstellung von Abhängigkeitsverhältnissen. Dafür gibt es formelle (Berichtslinien im Unternehmen,

Anweisung und Ausführung) und informelle Bindungen: Netze, in denen man sich wechselseitig versichert, im Besitz der reinen Lehre zu sein, und sich aggressiv von anderen abgrenzt. Loyalität setzt auf die Stärke der weichen Bindungen (»The Strength of Weak Ties«), die viel haftender und klebriger sein können als die starken Bindungen von Vertrag und Moral.

So entsteht ein engmaschiges Kontroll- und Abhängigkeitssystem. Coser nennt als markante Beispiele solch gieriger Institutionen etwa Jesuiten, Leninisten, Mätressen und Dienstboten. Institutionen bekommen in ihrem Zugriff auf das Gewissen ihrer Mitglieder eine totalitäre Macht. Wichtig ist: Die Mitglieder der Gruppe ordnen sich dem Anspruch der Institutionen freiwillig unter, weil sie aus je verschiedenen Gründen davon überzeugt sind. Das wird von den Institutionen und ihren mehr oder weniger charismatischen Führern weidlich ausgenützt. Ob Militär, religiöse Sekten, die Mafia oder traditionelle Familien: in der Theorie »gieriger Institutionen« besteht zwischen ihnen kein großer Unterschied. Der »Ingroup-Favoritism« funktioniert fast wie ein Naturgesetz. Die Gier trifft selten auf Widerstand.

Was bringt einen dazu, durchzuhalten? Ich empfehle dazu einen Kinoklassiker, den Film »On the Waterfront« (deutsch: »Die Faust im Nacken«) von Elia Kazan (1954) mit dem großartigen Marlon Brando als Helden. Die Geschichte: Im Hafen von Hoboken herrscht eine korrupte Gewerkschaft der Dockarbeiter, die von dem rücksichtslosen Johnny Friendly geleitet wird. Die Hafenarbeiter müssen der Gewerkschaft beitreten, um überhaupt Arbeit zu bekommen. Ein typischer Fall eines »Closed Shop«. Arbeiter, die sich gegen dieses System auflehnen, müssen damit rechnen, keinen Job oder im schlimmsten Fall den Tod zu finden. Die Gewerkschaft hat das Monopol, gute oder schlechte Arbeit zu vergeben, es steht in ihrem Ermessen. Dafür erwartet sie Loyalität und Geld von den Arbeitern. Das ist eine Art mafioses System. Schmier- und Erpressungsgelder halten das System am Laufen.

Terry Malloy, der von Marlon Brando gespielte Held, auch er ein Hafenarbeiter, wird in eine Falle gelockt und dadurch mitschuldig an der Ermordung eines Kollegen, den die Gewerkschaftsleute auf dem Gewissen haben. Fortan kämpft Malloy dafür, das mörderische System zum Einsturz zu bringen. Was ihm dabei hilft: die Liebe – er tut sich mit der Schwester des Ermordeten zusammen – und die Religion – er holt sich Unterstützung bei einem Pater, der die christliche Moral vertritt. Im Film macht Malloy alle Stufen der Isolation durch, die wir aus der Whistleblowing-Forschung kennen. »Nicht mal meine Freunde sprechen mit mir«, sagt er. Aber immerhin: Die Freundin und der Kirchenmann fungieren für ihn als Verbündete. Sie sind den »sozialen Paten« verwandt, die wir im vorigen Kapitel kennengelernt haben.

Warum hält er durch? Am Ende zählt für ihn die metaphorische Umwertung aller Werte: »Von deinem Standpunkt aus bin ich ein Verräter, aber ich stehe jetzt auf der anderen Seite«, sagt Terry Malloy zu dem kriminellen Gewerkschaftsboss: »Ich bin stolz auf das, was ich getan habe.« Man muss es schaffen, die Zuschreibung der anderen (»Verräter«) abzuschütteln. Übel zugerichtet, liegt der Held am Ende am Boden, aber der Bann des Closed Shop der

Gewerkschaft ist gebrochen. »Du hast zwar eine Runde verloren. Aber du bist Sieger nach Punkten.« Gewiss, das klingt pathetisch. Aber dies ist ja auch ein Hollywood-Film.

Zusammenfassung: Mit gierigen Institutionen ist nicht zu spaßen. Emanzipation ist mit Niederlagen gepflastert, mit Selbstzweifeln, Isolation und Depressionen. Am Ende sogar mit Verarmung. Es folgt der »soziale Tod«, wie der Ethnopsychoanalytiker Mario Erdheim die Vernichtung der gesellschaftlichen Existenz beschreibt. Die Folge ist eine radikale Unsicherheit, Orientierungs- und Heimatlosigkeit des Betroffenen in der Welt. In der Literatur, im Journalismus oder in Hollywood werden dagegen die Heldengeschichten erzählt und Whistleblower gefeiert. Mit der Realität hat das meist wenig zu tun: Am Ende ist es eher verwunderlich, dass Whistleblower überhaupt existieren.

Wie geht es weiter? Den »Verräter« kennen wir nicht nur aus der Firma. Es gibt ihn auch in der Politik. Niemand will Verräter sein. Um das zu vermeiden, halten Menschen sogar dann noch zu ihren politischen Überzeugungen, wenn diese sich als verbrecherisch erwiesen haben. Und sie halten die Treue, auch wenn sie selbst Opfer eines bösen Regimes geworden sind. So langsam nähern wir uns dem irrationalen Grund unseres Themas: den Erfahrungen bedingungsloser Loyalität. Wie verrückt müssen die Menschen sein, dass sie dazu bereit sind?

Kapitel 4

DIE PARTEI

IM JAHR 1894 wurde der französische Hauptmann Alfred Dreyfus angeklagt und für schuldig befunden, geheime Dokumente an die Deutschen weitergegeben zu haben. Er war offenkundig unschuldig, aber sein Judentum und seine elsässische Abstammung machten ihn zu einem »natürlichen Verdächtigen«, wie die amerikanische Philosophin Judith Shklar, eine aus dem Baltikum stammende Jüdin, in ihrem Essay über »Verpflichtung, Loyalität, Exil« schreibt.

Selbst nachdem Dreyfus' Unschuld vollkommen erwiesen war, fand sich kein Gericht bereit, ihn zu rehabilitieren. Für die Militärobrigkeit zählte der Einzelne weniger als die Ehre der Armee. Jeder, der Beweise für die Unschuld des Hauptmanns vorlegte, wurde gnadenlos verfolgt, ein »Ostrakismos«, ein Scherbengericht, so Shklar, weil die Staatsräson die Aufrechterhaltung des Unrechts verlangte. Erst 1906, zwölf Jahre nach der Anklage, widerrief ein Berufsgericht das Urteil gegen Dreyfus und begnadigte ihn.

Am 13. Januar 1898 erschien in der Tageszeitung »L'Aurore« unter dem Titel »J'accuse« (»Ich klage an«) ein offener Brief des französischen Schriftstellers Émile Zola an den Präsidenten der Französischen Republik, um diesen und die Öffentlichkeit über die wahren Hintergründe der Dreyfus-Affäre aufzuklären. Der Brief verursachte einen politischen und gesellschaftlichen Skandal. Informationsquelle für Zola war Marie-Georges Picquart, ein Mann, der zuvor zum Leiter der militärischen Spionageabwehreinheit befördert worden war – jener Behörde, die Dreyfus überführt hatte. Als Picquart feststellte, dass auch nach Dreyfus' Festsetzung noch Geheimnisse an die Deutschen verraten worden waren, wurde er auf ein von Antisemitismus durchzogenes System aus Betrug und Korruption in der Armee aufmerksam. Er stellte sich gegen alle Befehle und sagte als Zeuge zugunsten von Dreyfus aus.

Picquart ist ein früher Held des Whistleblowings, als es den Begriff noch gar nicht gab. Nach Zolas Brief wurde er der Verleumdung angeklagt und schuldig gesprochen. Er wurde verhaftet und ins Pariser Militärgefängnis Cherche-Midi gebracht, wo er die nächsten elf Monate verbrachte. Am Ende wurde Picquart, dem es stets um Rechtsstaatlichkeit gegangen war, aus der Armee entlassen.

In seinem Film »J'accuse« aus dem Jahr 2019, der Anfang 2020 in die deutschen Kinos kam, hat der polnische Regisseur Roman Polanski dem »Whistleblower« Picquart ein Denkmal gesetzt, das von den Kritikern sogleich auf einer zweiten, biographischen Ebene interpretiert wurde: Polanski wurde im Jahr 1977 der Vergewaltigung eines minderjährigen Mädchens beschuldigt. Seitdem gibt es einen internationalen Haftbefehl gegen ihn und ein Auslieferungsgesuch der USA, dem die Schweiz, wo Polanski sich aufhält, allerdings bis heute nicht nachgekommen ist. Das Muster »Alle gegen einen« passt also nicht nur auf Picquart, sondern auch auf Polanski.

Doch nicht um ein weiteres Beispiel riskanter Illoyalität soll es hier gehen, sondern um die Folgen bedingungsloser Loyalität. Also um Alfred Dreyfus selbst, der, als 1914 der Krieg ausbrach, sofort in die Armee zurückkehrte und im Kampf ausgezeichnet wurde. »Er hörte nie auf, je etwas anderes zu sein als ein hyperpatriotischer, loyaler französischer Bürger«, schreibt Judith Shklar: »Es scheint ihm nie in den Sinn gekommen zu sein, dass er in einer korrupten Gesellschaft lebte und einem kriminellen Offizierscorps diente.« Für Shklar ist Dreyfus ein Beispiel von Loyalität, die eine Verpflichtung aufrechterhält, die er dem ihn verstoßenden und verratenden Staat niemals geschuldet hat.

Ist der Mann verrückt? Das wäre zu einfach. Was aber treibt jemanden zu Loyalität gegenüber einem Regime, das derart schändlich mit ihm umspringt? Woher rührt ein Patriotismus gegenüber einem Staat, der einen zuvor ausgestoßen hat? Wollte Dreyfus durch eine Art Überidentifikation noch nach seiner Begnadigung beweisen, dass nicht wahr sein konnte, was man ihm intrigant vorgeworfen hatte? Wollte er zeigen, dass ein elsässischer Jude ein besonders guter Franzose sein kann? Sie glaube nicht, dass Dreyfus nur ein Opfer gewesen sei, das sich mit seinen Unterdrückern identifiziere, meint Judith Shklar – und fügt lakonisch hinzu: »Er sah sich als einer der Ihren.«

Das würde abermals auf den tieferen Sinn der Loyalität verweisen: die Suche nach Zugehörigkeit, die bereit ist, die abgrundtiefen Verletzungen hintanzustellen, Verletzungen durch jene, denen zuzugehören er keinesfalls aufgeben will.

Dreyfus ignoriert den Verstoß aus der Armee, er ignoriert das Unrecht, das ihm von einem Land angetan wurde – und bleibt loyal gegenüber Leuten, die sich wiederum höchst illoyal verhalten hatten.

Nach der Analyse von Loyalität in der Familie (Kapitel 2) und in der Firma (Kapitel 3) soll es in diesem Kapitel um Loyalität zu Partei und Staat gehen und um die ideologischen Verführungen, die solche Großinstitutionen anbieten. Um dies zu verstehen, bieten sich die Erfahrungen an, von denen jene Intellektuellen berichten, die im 20. Jahrhundert – dem »Zeitalter der Extreme« (Eric Hobsbawm) – treu und erkennbar irrational zu einem früh im Leben gefundenen Glauben standen. Die historischen Beispiele sind längst durchforscht; gerade deshalb geben sie die dahinterstehende Verpflichtungslogik preis. Es geht um Loyalität, eine Falle, in der jene festsitzen, die längst keine Verpflichtung mehr hätten, loyal zu sein. Damit offenbart Loyalität vollends ihren irrationalen Zug.

Der Exilant Willy Brandt kehrte nach Jahren des erzwungenen Exils in Norwegen 1945 nach Deutschland zurück und betonte von Anfang an, dass er allen Verbrechen zum Trotz den Glauben an das echte, das wahre Deutschland nie verloren habe. Brandt traf die Unterscheidung zwischen dem real existierenden Deutschland, das ein verbrecherisches Regime war, das ihn ausgesperrt hatte und umgebracht hätte, und einem »idealen« Deutschland, dem er ungebrochen Loyalität entgegenbringen wollte.

Darin zeigt sich eine hohe Idealisierungsneigung. Sie überbrückt den Widerspruch zum realen Versagen jenes Staates oder Glaubens, dem man sich zugehörig fühlt und weiterhin angehören will. Das »ideale Deutschland« ist das bessere Deutschland. Das reale Deutschland, hat der Literaturkritiker Marcel Reich-Ranicki immer betont, wollte ihn in Polen auslöschen. Das ideale Deutschland war für ihn die deutsche Literatur. Ihr fühlte er sich stets verbunden – so konnte er weiterhin ein Deutscher sein.

Perfide ist, dass jene, die loyal dageblieben waren – als Mitläufer, Opportunisten und durchtriebene Nazis –, den Exilanten die Zugehörigkeit zu verweigern suchten: »Eines wird man Herrn Brandt doch fragen dürfen«, so beginnt die berühmte Schmähung durch Franz Josef Strauß: »Was haben Sie zwölf Jahre draußen gemacht? Wir wissen, was wir drinnen gemacht haben.« Ludwig Erhard brüstete sich, er habe bereits an der Einführung der D-Mark gearbeitet, als der dem Vaterland entflohene Konkurrent »noch nicht einmal deutscher Staatsbürger gewesen« sei. Soll heißen: Wir sind die wirklich Loyalen! Den Emigranten wird die Loyalität abgesprochen; sie gelten, wenn nicht als Vaterlandsverräter, so doch als Landsleute, die sich aus dem Staub gemacht und den leichteren Part gehabt haben.

Worauf das hinausläuft? Darauf, dass ganz offenkundig auch nach dem Krieg noch mit Loyalität und Patriotismus mehr Staat zu machen war als mit einer Geschichte aufrechter Illoyalität. »Wenn Frau Doktor wüssten, was uns alles passiert ist«, raunzt Herr Hnatek, der Oberkellner des Cafés »Herrenhof« in Wien, nach ihrer Rückkehr 1946 die Journalistin Hilde Spiel an, die Hitlers Vernichtung entkommen war und die Kriegsjahre in London erlebt hatte: all die Demütigungen, Verhaftung und Todesgefahr, illegale Flucht über versperrte Grenzen, Jahre des Exils als Ausländerin, all das weigert sich Hnatek, »der König der Oberkellner«, zur Kenntnis zu nehmen. »Frau Doktor haben gut daran getan, dass Sie fort sind. Allein die Luftangriffe – dreimal haben sie die ganze Stadt in Brand gesetzt«, jammert Herr Hnatek der Rückkehrerin vor, »von Mitleid mit sich selbst ergriffen«. Hilde Spiel kehrt noch im selben Jahr 1948 wieder nach London zurück, um freilich ab 1963 dann ganz in ihrer ihr fremd gewordenen Heimatstadt Wien zu leben.

Ortswechsel. Moskau, 1936. Die deutsche Kommunistin Charlotte Powileit ist der Verfolgung durch die Nationalsozialisten gerade noch entkommen. Im Spätsommer bricht sie mit ihrem Mann und der jungen Britin Jill zu einer mehrwöchigen Reise durch die neue Heimat Sowjetunion auf. Die Hitze ist überwältigend, Stalins Strände sind schmal und steinig und die Reisenden bald beherrscht von einer Spannung, die beinahe körperlich zu spüren ist.

Es verbindet sie mehr, als sich auf den ersten Blick erschließt: Sie sind Mitarbeiter des Nachrichtendienstes der Komintern, wo Kommunisten aller Länder beschäftigt sind. Umso schwerer wiegt, dass zu den »Volksfeinden«, denen gerade in Moskau der Prozess gemacht wird, auch ein Bekannter von Lotte zählt. Das bringt auch sie und ihren Mann in den Verdacht der Konterrevolution. Sie werden vom Dienst suspendiert, im Moskauer Luxushotel »Metropol« arrestiert und warten dort über zwei Jahre lang buchstäblich jede Nacht darauf, abtransportiert und in einem der Schauprozesse zum Tode verurteilt zu werden.

Das ist in knappen Zügen die Handlung von Eugen Ruges Roman »Metropol« aus dem Jahr 2019, eine Geschichte, die nicht erfunden ist, sondern auf der Kaderakte von Ruges

Großmutter basiert, die der Enkel in Moskauer Archiven gesichtet hat. Ruges Großeltern erleben die »Stalinistischen Säuberungen« von 1936 bis 1939 auf ihrem Höhepunkt. Schätzungen zufolge wurden damals 1000 Menschen pro Tag exekutiert, die Gesamtzahl geht in die Millionen. Die Vorwürfe waren pure terroristische Willkür: absurde Dinge, unter Folter erpresste Geständnisse von Verschwörung und Sabotage – innerlich zutiefst überzeugte Kommunisten und Stalin-Verehrer, die an der Reinheit ihres Glaubens keinen Zweifel aufkommen ließen, standen plötzlich als Verräter da.

Bei den meisten dieser Opfer des Stalinismus führte das himmelschreiende Unrecht, das ihnen von ihren Peinigern angetan wurde, nicht zur Abkehr vom kommunistischen Ideal. Das sei für ihn das Interessanteste an seiner Familiengeschichte gewesen, sagt Eugen Ruge: »Charlotte, eine Figur, die sich selbst die Schuld gibt, die einverstanden damit ist, dass sie ins Umerziehungslager geschickt wird, damit sie nun endlich auch eine richtige Genossin wird.« Dabei hatte Charlotte auch schon zuvor eine 150-prozentige Überzeugung.

Es wäre zu simpel, diese Identifikation mit dem Peiniger als eine Form der durch Gehirnwäsche bewirkten Perversion von Überzeugungen zu verstehen. Ähnlich wie im Fall von Alfred Dreyfus ist für diese tief überzeugten Kommunisten offenbar das Festhalten an den Idealen wichtiger als alles, was an Stolz, Eigensinn, Wut oder Aggression zu einer radikalen Distanzierung – und einer Kündigung der Loyalität – hätte führen können. Das eigene Ideal verraten hieße, sich selbst aufgeben und verraten. Es spielte Stalin und seinen Folterknechten in die Hände.

Der Film »Und der Zukunft zugewandt (2019) mit der großartigen Alexandra Maria Lara erzählt die Geschichte einer Frau, die 1952 in die junge DDR kommt, nachdem sie jahrelang in einem russischen Gulag gefangen war, wo auch ihr Mann – ein überzeugter Kommunist – von seinen eigenen Genossen ermordet wurde. Als Gegenleistung für eine neue Existenz verlangt man von der Frau, über ihre Vergangenheit zu schweigen. Die Begründung: Der Aufbau des Sozialismus darf nicht gefährdet werden. Als eine Freundin aus dem Gulag, die zur Dissidentin wurde, sie fragt, warum sie zu dieser Selbstverleugnung bereit sei – »nach all dem, was du durchgemacht hast« –, antwortet sie: »Genau deshalb.«

Nicht erst in den dreißiger Jahren war für Intellektuelle die »Bewegung« (von rechts oder links) eine erlösende Verheißung der Gemeinschaft. Von »verführtem Denken« spricht der polnische Dichter und Nobelpreisträger Czesław Miłosz. Und er glaubt zu wissen, warum die Verführung so gut funktioniert: »Die Sehnsucht des frei schwebenden Intellektuellen ist es, zu den Massen zu gehören.« Dieses Dazugehören ließen sich viele von ihnen selbst von den Folterknechten nicht rauben.

In seinem Buch über den »Aufstieg und Fall des Kommunismus« beschreibt der britische Politikwissenschaftler Archie Brown den bei Intellektuellen verbreiteten Glauben an den Kommunismus als einen religiösen Akt. André Gide, der wie viele französische Literaten ebenfalls eine Zeit lang vom Kommunismus fasziniert war, beschrieb es in seinen Tagebüchern so: »Meine Bekehrung hat etwas Religiöses. Die Sowjetunion scheint mir den Weg zur Erlösung aus dem jammervollen Elend zu weisen, in dem sich die heutige

Welt befindet. Und wenn der Sieg des Kommunismus von meinem Leben abhinge – gern und auf der Stelle gäbe ich es dahin.«

Das ist das Ideal des kommunistischen Märtyrers, der allzeit bereit sein musste, für den Kommunismus zu sterben. Sie wollten ihre Ideale bewahren, während sie die Windungen und Wendungen der von Stalin bestimmten verbrecherischen Politik mitmachten. Umso erstaunlicher ist es, dass die Intellektuellen sich das nicht nur gefallen ließen, sondern aktiv befördert haben. Intellektuelle, das sind nach landläufiger Vorstellung mit kritischer Vernunft begabte Individualisten. Das ist ihr Mythos. Ihre Sehnsucht aber ist die Zugehörigkeit zum Kollektiv, wofür sie vieles zu opfern bereit sind.

Der klassische Roman der stalinistischen Säuberungen, der dies düster-eindrucksvoll beschreibt, ist Arthur Koestlers »Sonnenfinsternis«, 1940 erschienen. Koestler zeichnet das Porträt von Rubaschow (womöglich war Nikolai Bucharin die Vorlage in der Realität), einem alten Bolschewiken, der mit vierzig Jahren verhaftet und erschossen wird. Rubaschow ist überzeugt, der Partei »einen letzten Dienst« erweisen zu können, indem er die erfundenen Anschuldigungen gesteht, um »Sympathie und Mitleid« in der Bevölkerung zu vermeiden, da die Erweckung solcher Gefühle vermeintlich gefährlich ist für die Partei und die kommunistische Sache. Das Opfer sorgt sich nicht um die Mörder, aber um die Reinheit der Idee, der die Mörder anhängen.

Die Partei, was auch immer sie tat, blieb moralisch und politisch unfehlbar – eine Formulierung aus der Dogmatik der römisch-katholischen Kirche: moralisch gerechtfertigt, weil ihre Ziele richtig waren und politisch berechtigt, weil die Partei die Vorhut des Proletariats war, das objektiv siegreiche Prinzip der Geschichte. Daran durfte nicht gerüttelt werden.

Nicht alle Intellektuellen waren bereit, für den Erhalt des Ideals an ihrem Glauben blind festzuhalten. André Gide wandte sich nach einer Reise durch die Sowjetunion, bei der der berühmte Schriftsteller fürstlich hofiert wurde, vom Sowjetkommunismus ab. Und Arthur Koestler, seit 1931 strammes KP-Mitglied, haben Berichte über die stalinistischen Säuberungen, bei denen sein Schwager und zwei seiner besten Freunde verhaftet wurden und die absurdesten Beschuldigungen aushalten mussten, dazu bewogen, im Jahr 1938 der Partei den Rücken zu kehren. In einem 1950 erschienenen, einflussreichen Sammelband mit dem Titel »Der Gott, der keiner war«, beschreibt Koestler den Moment der Ablösung anlässlich eines Vortrags vor dem Schutzverband deutscher Schriftsteller in Paris über Spanien und den Spanischen Bürgerkrieg.

Die Rede enthielt keinerlei direkte Kritik an der Partei oder an Sowjetrussland. Aber sie enthielt drei sorgfältig formulierte Sätze, die für normale Menschen Gemeinplätze waren, für Kommunisten aber einer Kriegserklärung gleichkamen. Der erste lautete: »Es gibt keine Unfehlbarkeit einer Person, einer Bewegung oder einer Partei.« Der zweite: »Toleranz dem Feinde gegenüber ist ebenso selbstmörderisch wie Intoleranz dem Freunde gegenüber, der dasselbe Ziel auf einem abweichenden Wege verfolgt.« Und der dritte Satz war ein Zitat von Thomas Mann: »Eine schädliche Wahrheit ist besser als eine nützliche Lüge.« Da war es geschehen. Koestler kommentiert: »Als ich geendet hatte, applaudierte die nichtkommunistische Hälfte der Zuhörerschaft, während die Kommunisten – mit untergeschlagenen Armen – in bedeutungsschwerem Schweigen verharrten.«

Charlotte und Wilhelm Powileit, das Heldenpaar aus Eugen Ruges Roman »Metropol«, haben ihrem Glauben nie abgeschworen. Sie, die über Jahre hinweg von Stalin und seinen Schergen im Ungewissen gehalten wurden, die mitansehen mussten, wie ihre Freunde und Genossen von heute auf morgen verschwanden, und die selbst jede Nacht darauf warteten, abgeholt zu werden, blieben ihr Lebtag lang stramme, orthodoxe Kommunisten. Sie trafen noch nicht einmal die entlastende Unterscheidung zwischen »guter« kommunistischer Idee und »böser« stalinistischer Verfehlung, sondern beteiligten sich, mit höchster Identifikation und größter Loyalität, am Aufbau des Sozialismus im der DDR – ohne je abzuschwören.

Kein böses Wort über Stalin ist überliefert. Härter noch: kein Wort. Über die Zeit in Moskau, so berichtet der Enkel und Biograph, haben sie nie geredet. Allenfalls sehr verdeckt hat Ruge im Nachhinein Spuren und Andeutungen gefunden, die freilich niemand hätte zu dechiffrieren vermocht, der nicht schon das Wissen um die sowjetische Zeit gehabt hätte. So pflegten die Powileits an Silvester merkwürdigerweise schon um 22 Uhr auf das neue Jahr anzustoßen. Um das zu deuten, hätte man freilich wissen müssen, dass zehn Uhr in Berlin Mitternacht in Moskau ist.

Was Charlotte und Wilhelm Powileit erleben, ist die »Falle der Loyalität«, in die viele Kommunisten und Antifaschisten nach dem Ende des Zweiten Weltkriegs geraten waren. Die Eliten in der DDR waren Edelsozialisten, wurden umschwärmt und mit Privilegien umgarnt. Das erklärt die Verführungskraft der frühen DDR für stramme Antifaschisten. Sie hatten gegen die Nazis gekämpft und wollten nun endlich die Früchte ihres Kampfes ernten. Als Antifaschisten waren sie im Krieg Helden geblieben, als Dissidenten in der DDR wären sie zu Verrätern geworden, hätten eingestehen müssen, dass sie sich getäuscht hatten – und zugeben, dass die Welt, in der sie jetzt lebten, nicht die Welt war, für die sie gekämpft hatten. Es hätte auch die Zeit im Untergrund im Nachhinein in Misskredit gebracht. So schnappte die Falle zu.

Die Edelkommunisten der frühen DDR hatten die Jahre des Widerstands in Paris oder London verbracht, dort ein westlich-urbanes Leben geführt, das sie für den grauen Alltag in der DDR aufzugeben bereit waren. »Ihre Loyalität«, schreibt die Historikerin Annette Leo, »galt der sowjetischen Besatzungsmacht und der Kommunistischen Partei. Aber mit sich brachten sie die Erinnerungen an Cafés in Paris, an Pizza in Marseille, an die Bilder von Picasso, an Boogie-Woogie-Rhythmen, an die mexikanische Sonne und die Radiosendungen der BBC.«

Warum taten sie sich das an? Es gab keinen Zwang. Bis 1961 war es nicht sehr riskant, von Ost nach West zu wechseln. Sie hätten gehen können. Sie blieben, obwohl sie wussten, sie würden womöglich von ihren Genossen als Links- oder Rechtsabweichler verdächtigt. Sie lebten in der ständigen Angst, dass ihnen abgesprochen wurde, gute Kommunisten zu sein, obwohl sie nach nichts anderem trachteten.

Wie soll man das verstehen? Annette Leo, die über die Loyalitätsfalle geforscht hat, in die diese Kommunisten gerieten, wiegelt ab: »Die naheliegende Frage, warum sie sich alle trotzdem diszipliniert in den Osten in die Arme ihrer Kontrolleure begaben, ist von heute aus gestellt. Mit ihrer Beantwortung quält sich vor allem die Generation der Nachgeborenen, die keinen Zugang mehr hat zur Gläubigkeit und bedingungslosen Loyalität der Gründerväter und -mütter der DDR.« Immer wieder stoßen wir auf religiöse Begriffe: Ideologische Hörigkeit ist eine Form der Gläubigkeit an einen Gott, der nur für wenige sich als »ein Gott, der keiner war« offenbarte.

Es kann kein Zweifel daran bestehen, dass der Glaube an Ideal und Idee des Kommunismus unterfüttert und gehärtet wurde durch ein Pathos der Kameradschaft, welches seine Bewährung im Widerstand erfahren hatte. In einem Glückwunsch aus Anlass des 60. Geburtstags des Schriftstellers und späteren Präsidenten der Akademie der Künste, Willi Bredel, schreibt der DDR-Funktionär Erich Glückauf, er wolle Bredel niemals nur »Freund« nennen, obwohl sie beide »wahre Freunde« seien. Aber das war ihm zu wenig. Ihre Beziehung gehe weit über die normale Freundschaft hinaus, sei eine »Kampfgemeinschaft« zweier an die Partei gebundener Menschen, die die Treue zur Klasse zusammenschweiße im Kampf »für unsere große Sache«: »Wenn man das voneinander weiß, dann verbindet einen mehr als Freundschaft, denn die Bande der Freundschaft können manchmal fester und manchmal lockerer sein.« Der Briefschreiber nennt die Partei »unsere gemeinsame Mutter, der wir dienen bis zum letzten Atemzug«. Die Zugehörigkeit zur Partei übertrumpft die der Familie.

Solche Loyalitätsbekundungen sind in dieser Zeit in der DDR oft zu finden. Sie sind eine Form ideologischer

Überhöhung, wie man sie auch aus anderen Freundschaftsbünden kennt, etwa im George-Kreis, wo man auf das »geheime Deutschland« eingeschworen wurde, ein Ideal der konservativen Revolution. Auch aus christlichen Orden oder anderen religiösen Gemeinschaften ist so etwas bekannt.

Es ist ebenso bedrückend wie konsequent, dass im Falle eines Konflikts das Gebot der Loyalität zur Partei stets Vorrang hat vor der Treue zum Freund. Im Prozess gegen den mit ihm befreundeten Walter Janka, den Chef des Aufbau-Verlags, dem »konterrevolutionäre« Umtriebe vorgeworfen wurden, saß Willi Bredel auf der Zeugenbank. Als Janka im Juli 1957 zu fünf Jahren Zuchthaus verurteilt worden war, ließ er den Freund fallen und übte auf der 33. Tagung des ZK der SED im Oktober 1957 »Selbstkritik«: Er habe sich von Janka täuschen lassen. Auch die Schriftstellerin Anna Seghers (»Das siebte Kreuz«) saß im Gerichtssaal in der ersten Reihe mit gesenktem Blick und hatte sich all die absurden Beschuldigungen gegen Janka stumm und unkommentiert angehört.

Es wäre zu einfach, solche Anpassung lediglich als opportunistisches Verhalten zu deuten, wiewohl man die repressive Gewalt einer Diktatur nicht unterschätzen sollte. Beglaubigte Mutmaßungen, Seghers Anwesenheit bei dem Gerichtsverfahren gegen Janka sei »von höchster Stelle« beschlossen worden als wohlberechnete Einschüchterung und Demütigung, die sie hinnahm ohne aufzubegehren, dürfen nicht falsch interpretiert werden: Es ist anzunehmen, dass Seghers selbst dies als eine Loyalität verstand, die sie ihrer Partei und dem jungen sozialistischen Staat schlicht schuldete. Sie musste denken, genau dies werde von ihr erwartet. Und sie hat es selbstverständlich auch von sich selbst erwartet. Die

Loyalität zur Partei nimmt den Verrat des Freundes – freiwillig, nicht unter dem Druck der Folter – in Kauf. Walter Janka kam nach Bautzen, ein Gefängnis, das er kannte, weil er schon von den Nazis dort inhaftiert worden war. An seiner Loyalität zum DDR-Regime hat das ihm angetane Unrecht nichts geändert.

Wenn man ehrlich ist, bleibt es am Ende schwer zu erklären, warum Menschen aus blinder Loyalität so vieles zu opfern bereit sind: Warum sie ihre besten Freunde verraten, schlechte Ideen aber nicht. Und warum sie ihre Ideale nicht verraten, obwohl auch diese nachweislich zutiefst korrumpiert wurden. Allemal ist die Ideologie stärker, eine Ideologie, die noch bis 1989 einigermaßen verblasst überlebt hatte. Einen menschlichen Sozialismus, keinen Systemwechsel zum Kapitalismus, wollten viele zivile und kirchliche Widerstandsgruppen nach der »friedlichen Revolution«. Dann hätte man den Glauben behalten können.

In den K-Gruppen der Achtundsechziger in der Bundesrepublik sollte dieser Glaube die Grenze zum Wahn überschreiten. Der Schriftsteller Stephan Wackwitz – er leitete Goethe-Institute in aller Welt – erinnert sich an seine Zeit beim MSB-Spartakus: Hätte man ihm damals in den hohen Zeiten der Roten Armee Fraktion gesagt, »dann und dann würden in der oder jener Kneipe Waffen ausgegeben, es gehe los, in den Untergrund. Ich weiß nicht, was passiert wäre.« Eine »verhexte Generation« sei das gewesen, sagt Wackwitz über die Generation, der er selbst angehört. Aber es gab keine Hexen, die den Zauber auf dem Gewissen haben. Die Hexerei ist ein Werk der Loyalität, die so unschuldig und tugendhaft daherzukommen pflegt.

Zusammenfassung: Im Lauf unserer Überlegungen hat der Wert der Loyalität all seine Unschuld verloren. Eine Tugend sieht anders aus. Loyalität wurde für viele Menschen zum politischen Verhängnis, nicht nur im Kommunismus. Auch im Nationalsozialismus. Auch in der katholischen Kirche. Sie machen wider besseres Wissen falsche Aussagen, um die Zugehörigkeit zu einer politischen oder religiösen Gruppe nicht zu verlieren.

Wie geht es weiter? Warum nimmt die Treue sogar den Verrat der besten Freunde in Kauf? Warum ist diese Treue – sei es zu Menschen oder Ideen – dermaßen klebrig, dass der Versuch der Ablösung zur Qual wird und nicht selten scheitert? Darum soll es im nächsten Abschnitt gehen. So viel ist zu vermuten: Loyalität könnte damit zusammenhängen, dass wir schweren Schaden für uns befürchten, würden wir unsere Ideale verraten.

Kapitel 5

DIE DISSIDENTEN

WARUM FÄLLT ES so schwer auszuscheren? Warum ist es so mühsam, der Loyalitätsfalle zu entkommen? Wir schaffen es nur mit größter Mühe und inneren Qualen, das Milieu unserer Herkunftsfamilie zu verlassen – ein Grund, warum allen Bildungsoffensiven zum Trotz die Klassengesellschaft immer noch lebt (Kapitel 2). Wir verhalten uns in der Firma und am Arbeitsplatz loyal. Selbst dann, wenn dort Unregelmäßigkeiten oder eklatante Fälle von Illegalität vorkommen, verpfeifen wir niemanden. Und wenn wir es versuchen, schrecken wir rasch wieder zurück, weil wir befürchten, dass wir es nicht durchstehen könnten (Kapitel 3). Schließlich und vollends unverständlich: Wir glauben an Ideen, halten zu Despoten selbst dann noch, wenn sie uns bis aufs Blut quälen (Kapitel 4). Warum?

In den bisherigen Kapiteln sind wir schon auf eine Reihe von Erklärungen für dieses merkwürdige Verhalten gestoßen, von denen vor allem die Pattex-Theorie ein hohes Maß an Plausibilität mitbringt: Loyalität ist ein Klebstoff. Was gut zusammenklebt, ist hinterher schwer zu trennen. Man braucht das richtige Lösungsmittel. Und selbst dann tut es weh.

Man muss bloß daran denken, wie schmerzhaft es ist, einen gut sitzenden Verband zu wechseln oder ein Pflaster von der Haut zu ziehen. So ähnlich muss der Schmerz sein, sich aus einer Loyalitätsbeziehung zu lösen. Es tut weh. Häufig sehen wir freilich gar keinen Grund oder Anlass, uns von der Gruppe zu entfernen, der wir loyal verbunden sind. Denn der Nutzen der Zugehörigkeit wird von uns mutmaßlich als größer angesehen im Vergleich mit den Kosten der Trennung.

Noch einmal: Wie soll man das verstehen? Hansjörg Becker, so hoffe ich, könnte jemand sein, der aufgrund seiner beruflichen Erfahrung über den seelischen Wirkungsmechanismus der Loyalität gut Bescheid wissen müsste. Becker, ein erfahrener Psychiater und Psychoanalytiker aus Frankfurt, ist davon überzeugt, dass Menschen einen tiefen Wunsch nach Zugehörigkeit haben. Das sei sozusagen ein anthropologisches Grundbedürfnis, sagt Becker. Für Zugehörigkeit sind wir bereit, viel einzusetzen. Als Gegenleistung für die Aufnahme in die Gruppe wird von uns Loyalität erwartet, eine Leistung, die zu erbringen uns in aller Regel nicht besonders schwerfällt.

Der Lohn für die Aufnahme in die Gruppe ist ein Gefühl der Geborgenheit und Angstfreiheit. Wenn man will, könnte man darin tatsächlich ein Erbe unserer Herkunft sehen: Am Anfang der Menschheit steht nicht das isolierte Individuum, sondern die Gruppe, der Clan, der Stamm. So wie wir es im ersten Kapitel unter Verweis auf den Ethnologen Nicholas Christakis behauptet haben.

Loyalität setzt auf Reziprozität, ist somit keine Einbahnstraße. Reziprozität ist in vielen gesellschaftlichen Bereichen wirksam. Es ist das uralte Prinzip von Gabe und Gegengabe, das tiefe Gefühl einer Verpflichtung zur Dankbarkeit: Es gehört sich schlicht, auf eine Gabe mit einer Gegengabe zu antworten. Der Gruppe schulde ich – bedingungslose? – Loyalität als Antwort dafür, dass sie mir Geborgenheit und Angstfreiheit schenkt. Der Gruppe schulde ich Loyalität, die ich anderen Gruppen gerade nicht schulde. Im Gegenteil: Da herrscht Abgrenzung, bis zu Aggression, getreu dem Schema von Freund und Feind.

»Der Wunsch nach Zugehörigkeit ist stärker als der Wunsch nach Freiheit«, konstatiert Psychologe Becker. Erwartet wird Konformität im Denken, die dazu führen kann, die Gedanken anderer für wichtiger, gar für wahrer zu halten als die eigenen. Das lässt noch einmal an die Geschichte der deutschen Kommunisten im Moskau der dreißiger Jahre denken: Die Bindung an die kommunistische Lehre und an die revolutionäre Praxis war so stark, dass sie daran mehr glaubten als an sich selbst. Sie hatten keine Skrupel, ihre besten Freunde zu verraten.

Es scheint um Anpassungsmechanismen zu gehen, die zu beherrschen für Menschen zivilisatorisch überlebensnotwendig ist, die aber zugleich gefährlich werden können. Darüber hat der Schweizer Psychiater Paul Parin ein Leben lang geforscht, auf den Hansjörg Becker mich aufmerksam macht. Parin ist einer der Begründer der sogenannten Ethnopsychoanalyse, die Feldforschung in Afrika und Freuds Psychoanalyse zu verbinden sucht. Das Gefühl der Zugehörigkeit, so Parin, bildet ein Gruppen-Ich heraus und ein gemeinsames »Clangewissen«. Ein Wir entsteht auf diese Weise noch vor dem Ich. Man muss das gar nicht eigens lernen, es passiert automatisch und unbewusst.

Am besten wird es an der Herkunftsfamilie deutlich: Wir müssen bei der Geburt keinen Aufnahmeantrag in die Familie stellen und nach den Regeln und gemeinsamen Werten und Überzeugungen fragen. Wir werden in unsere Familie hineingeboren, übernehmen automatisch deren Werte und Gebräuche. Dies beginnt beim gemeinsamen Essen (was auf den Teller kommt) und endet noch lange nicht bei dem, was wir billigen und was wir missbilligen. Klatsch, schlecht reden über die Verwandtschaft, die anders ist, gehört dazu. Anpassung und Abgrenzung gehören zusammen. Zugehörigkeit in der Familie ist immer schon da, Kraft kostet nicht der Eintritt, sondern der Austritt. Loyalität ist der Normalfall unserer Stammesherkunft; Loslösung muss erst erlernt werden. Wir brauchen ein »Lösungsmittel«.

Was daran gefährlich ist? »Jede Anpassung ist partieller Tod, Aufgabe eines Teils der Individualität«, lesen wir bei Parin. Loyalität ist erst recht gefährlich, weil Gruppen-Ich und Clangewissen häufig von den autoritär-charismatischen Führern der Gruppe vorgegeben und vorgelebt werden, denen wir Gefolgschaft geschworen haben. Man kann dabei an den eigenen Vater denken, aber auch an Martin Winterkorn oder an Josef Stalin (ohne sie vergleichen zu wollen). Sie alle stehen in ihren Einflussbereichen außerhalb jeder Kritik. Eher üben die Mitglieder der Gruppe Selbstkritik, als dass sie den Führer kritisieren. Als Martin Winterkorn Volkswagen verlassen muss, nachdem der Dieselskandal publik wurde, herrschte unter den Arbeitern große emotionale Betroffenheit. Der Führer der Horde ist tot. Als Stalin starb, weinte das Volk, obwohl es dessen Grausamkeiten am eigenen Leib erfahren hatte.

Damit nähern wir uns dem Inneren der Loyalitätsfalle. Letztlich geht es wohl gar nicht um den anderen, die Kollegen oder die Führer des Clans: Es geht um die Bindung an ein eigenes, inneres Ideal, für welches der Glaube oder/und sein Anführer steht. Loyalität ist deshalb so klebrig, weil ich am Ende mich selbst verraten würde, würde ich mich aus der Gruppe lösen. Es wäre das Eingeständnis, die falschen Götter verehrt zu haben. Oder es würde die Vorbilder – Helden einer frühen Phase im Leben – relativieren. Es würde wehtun. Dieses Ideal darf nicht beschädigt werden: Ich müsste etwas Wertvolles von mir aufgeben. Das wäre mit hohen Kosten verbunden.

Ich weiß selbst sehr gut, wovon ich rede: Es ist nicht Papst Franziskus, der mich davon abhält, die katholische Kirche zu verlassen, das würde ich schon noch verkraften. Es ist der Glaube meiner Kindheit, die Geborgenheit der Zugehörigkeit zu einer Gemeinschaft der Gläubigen, die von allen geteilten Überzeugungen, was uns heilig ist, der Raum der Kirche mit seinen Glockenklängen und Weihrauchdüften und so weiter. All das ist mir wertvoll in meinem Leben. Ich darf es nicht verraten, müsste ich mir dann doch eingestehen, dem Falschen angehangen zu haben.

Nehmen wir Christina Fleischmann. Sie ist katholisch erzogen worden. Seit Jahren wachsen ihre Zweifel an der Kirche, aber auch an Gott. Trotzdem schafft sie es nicht, aus ihrer Glaubensgemeinschaft auszutreten. Was hält sie zurück? In ihrem Erfahrungsbericht der nicht geglückten Trennung, abgedruckt im Magazin der »Süddeutschen Zeitung« vom 20. Dezember 2019, erzählt sie von einem Treffen mit Michael Schmidt-Salomon, Philosoph und Vorstandssprecher der Giordano-Bruno-Stiftung, die sich für einen weltlichen Humanismus und gegen Religionen einsetzt. Er ist sozusagen der Advocatus Diaboli. Schmidt-Salomons Erklärung für das Scheitern der Austrittsbemühungen ist bemerkenswert: »Es ist schwer, jemanden mit Argumenten von einer Überzeugung abzubringen, zu der er nicht mit Argumenten gefunden hat.« Viele dieser Ideale, von denen hier die Rede ist, haben wir erworben, bevor wir uns im logischen Denken geschult haben. Sie erweisen sich daher als unangreifbar für rationale Einwände oder Gegenerfahrungen.

»Mein Fall« hat der österreichische Schriftsteller Josef Haslinger seine Geschichte überschrieben, die davon berichtet, wie er als Zehnjähriger im katholischen Stift Zwettl von Pater Gottfried, einem Zisterziensermönch und Priester, sexuell missbraucht wurde. Das war im Jahr 1965. Aufgeschrieben hat Haslinger seinen Fall erst 55 Jahre später, als er sicher war, dass Pater Gottfried nicht mehr am Leben war. »Ich wollte ihm doch nicht sein Leben versauen«, sagt er. Eine merkwürdige Verkehrung, wo es doch Pater Gottfried war, der Haslingers Jugend versaut hatte.

Das ähnelt strukturell der Geschichte von Alfred Dreyfus, der trotz allen Unrechts, das ihm angetan wurde, als loyaler französischer Soldat im Ersten Weltkrieg kämpfte. Haslinger wäre zu keinerlei Loyalität verpflichtet gewesen nach allem, was ihm angetan wurde: Aber die Treue zu seinem Lehrer, von dem er sich liebevoll verstanden fühlt, kann er trotzdem nicht abschütteln. Erst das Wissen von seinem Tod habe »den Schalter umgelegt«. Vorher hatte er Angst, als Nestbeschmutzer zu gelten. Haslinger ahnt, dass diese Bindung an den Pater, die er nicht loswurde, auch mit ihm selbst zu tun hat: Er hätte sich, wie die kommunistischen Kämpfer, damit konfrontieren müssen, an den falschen Gott zu glauben – oder zumindest sich eingestehen müssen, dass dessen Personal auf Erden unglaubwürdig und zu Gewalt und Verbrechen fähig sei. Und er hätte, so sagt er selbst, sich fragen müssen, was diese Tat mit und aus ihm gemacht hat. Das ist das eigentlich Verstörende an Haslinger Geschichte: Die lebenslange Loyalität zu seinen Peinigern war für ihn in gewisser Weise (über)lebensnotwendig.

Solche frühen Bindungen sind stärker als alle Vernunft. Erinnern wir uns an das Diktum André Gides, die Familie und das Christentum seien die beiden Haupthemmnisse für den Fortschritt (der Individualisierung und der Autonomie). Die aus der Familie und dem Christentum stammenden Erfahrungen und Überzeugungen sind uns vertraut seit früher Kindheit, vor dem Eintritt in das Reich der Vernunft und der Freiheit. Von diesen frühen Prägungen haben wir unsere Ideale. Mit Vernunft kommt man ihnen nicht ans Leder. Oder, wie es der Exkommunist Arthur Koestler sagt, dem wir im vorigen Kapitel begegnet sind: »Ein Glaube wird nicht durch sachliche Überlegungen erworben. Wer sich in eine Frau verliebt oder in den Schoß der Kirche eingeht, tut dies nicht aufgrund logischer Denkvorgänge.«

Was ist ein Ideal? Inhaltlich ist das für jeden natürlich etwas anderes. Aber ganz allgemein handelt es sich stets um etwas Gutes, Perfektes, Reines, woran wir unbedingt festhalten wollen. »Ich bin klein, mein Herz ist rein, soll niemand drin wohnen als Jesus allein.« Das ist eines der frühesten Gebete meiner Kindheit, an das ich mich erinnere. Meine Mutter hat es mich zu beten gelehrt. Reinheit ist eine Fiktion und das Gegenteil unserer Erfahrungswelt. Aber gerade deswegen legen wir so großen Wert darauf.

Das Gegenteil der Reinheit wäre Verschmutzung. Sich zu verschmutzen ist Verrat. Im wirklichen Leben – allein schon im eigenen Körper – gibt es aber auch Unreines und Verschmutztes. In der Psychoanalyse wird Reinheit am Beispiel der Körperpflege erklärt: Sie sei aus der Reaktion auf die anale Schmierlust des Kindes hervorgegangen. Das Einschmieren mit der Pflegelotion – ganz in Weiß, deshalb heißt sie Körper-Milch – ist dann nicht nur ein unerlässlicher Bestandteil der libidinösen Besetzung des eigenen Körpers, sondern auch Stütze des Selbstgefühls, die der sozialen Anpassung dient. Wir wollen gut riechen. Dass wir uns reinigen, ist fast eine Art religiöse Transsubstantiation, wie Schmutziges und Ekliges in Wohlriechendes und Wohltuendes sich verwandelt.

Wenn von Reinheit die Rede ist, geht es nie nur um nüchterne naturwissenschaftliche oder medizinische Sachverhalte, sondern immer auch um kollektive Vorstellungen von Zugehörigkeit, schreibt der Schweizer Historiker Valentin Groebner in einem Essay mit dem Titel: »Wer redet von der Reinheit?« Die wissenschaftliche Lehre von den »Miasmen«, den krank machenden Ausdünstungen des Körpers, die nicht gut riechen, hat sich lange gehalten. Vor ihnen muss man sich schützen wie vor den Aerosolen in der Corona-Pandemie. Die Evokation des Reinen sollte stets Ordnung schaffen in der sozialen Welt.

Ein Ideal ist nicht nur etwas Geistiges, sondern zutiefst Körperliches. Gerade weil die Reinheit Fiktion ist, halten wir an ihr als Ideal fest. Rein ist das Ideal einer Familie. Rein ist das Ideal einer Firma. Rein ist das Ideal einer religiösen oder politischen Lehre. Rein sollen Stamm und Rasse sein. Ein Dokumentarfilm von 2019 über die Tragik von Papst Benedikt XVI., dem emeritierten Papst Joseph Ratzinger, mit dem Titel »Verteidiger des Glaubens« vertritt die These: Gerade weil Benedikt seine Kirche rein und unbefleckt halten wollte, steht sie nun, nach den Missbrauchsskandalen, besudelt da.

Aber eben: Das Reinheitsideal aufzugeben wäre für Ratzinger Verrat an seiner ganzen Biographie Es würde eine innere Zerstörung bedeuten. Der Preis ist zu hoch. Hier muss er loyal sein, was freilich einen anderen Preis hat, nämlich den der Realitätsverleugnung. Am Ende folgt konsequent der Rücktritt.

Das Ideal bindet Gruppen zusammen. Es aufzugeben macht Angst, wirft einen in die Einsamkeit zurück, ohne neue Bindungen in Aussicht zu stellen. Man kann es auch umdrehen und sagen: Wir bilden ein Ideal heraus, mit dem man im Einklang zu leben sich verpflichtet fühlt, um Mitglied der Gruppe bleiben zu können (Léon Wurmser). Wer die Normen verletzt, durch Fragen, durch ungewöhnliche Akzentsetzung, durch andere Störungen, von denen er womöglich gar nicht ahnt, dass sie Störfälle sind, setzt sich der Vereinzelung und später auch der Scham aus. Um zu überleben, brauchen wir nicht nur Abwehr-, sondern auch Anpassungsmechanismen. Loyalität fungiert als ein entscheidender Anpassungsmechanismus, vermutlich schon über viele Jahrhunderte der Gattungsgeschichte hinweg.

Loyalität und Sakralisierung gehören folglich eng zusammen. Sie haben beide einen absoluten Verpflichtungscharakter, der stammesgeschichtlich weit zurückreicht. Der Moralpsychologe Jonathan Haidt vergleicht unser aktives Bewusstsein mit einem Reiter auf einem Elefanten. Darunter liegen Emotion und Intuition; sie sind der Elefant. Der hat seine eigene Intelligenz und seinen eigenen Willen. Er neigt dazu, den Weg einzuschlagen, den er für den richtigen hält. Der Reiter, unser Bewusstsein, liefert lediglich nachträglich die rechtfertigenden Kommentare. »Wir sind gewissermaßen nur die Pressesprecher unseres tieferen, verborgenen Selbst.« Erst ist die Intuition da, danach kommt das strategische Räsonnement.

Loyalität und Sakralität/Reinheit gehören laut Haidt zu den Urausstattungen moralischer Fundierung unserer Gattung: angeboren, universal, jenseits kultureller Unterschiede und von allen Menschen akzeptiert, freilich mit unterschiedlicher Akzentuierung. Neben Loyalität und Heiligkeit nennt Haidt noch die Sorge für Schwächere und das Gebot der Fairness und Reziprozität (»was du nicht willst, dass man dir tu …«). Loyalität liefert den Kitt für den Gruppenzusammenhalt, der früher für uns nötig war, um den Feind geschlossen zu bekämpfen. Sie ist eine stammesgeschichtlich höchst nützliche moralische Verpflichtung, effizient zum Überleben der Gattung. Das wird einer der Gründe sein, warum es so schwer ist, sich davon frei zu machen, und warum Verräter gnadenlos und härter verfolgt werden als die Feinde.

Man kann noch einen Schritt weiter gehen und behaupten: Loyalität verhindert, dass wir uns rational zwischen Flüchten oder Standhalten entscheiden, sie verzerrt die Realitätswahrnehmung, im Extrem eben bis zu deren Leugnung, was einer Art Wahn gleichkommt. Loyalität entwickelt stets eine Art Reflex zum Standhalten, formuliert eine Option zum Bleiben. Der »flexible Mensch«, mit dem Sozialwissenschaftler wie Richard Sennett uns immer gedroht haben, der überfordert, heimatlos, ohne Orientierung von einem Partner zum anderen, von einem Job zum nächsten und von einem Staat zum anderen unterwegs ist – ihn gibt es gar nicht. Das könnte an der Loyalität liegen.

Wer dies verstehen will, muss Albert O. Hirschmans Klassiker »Exit, Voice, and Loyalty« aus dem Jahr 1970 lesen. Die These lautet, grob zusammengefasst: Wer mit irgendetwas unzufrieden ist, hat, falls er nicht resigniert, stets zwei Optionen, seine Unzufriedenheit zum Ausdruck zu bringen – »Voice« oder »Exit«. »Voice« meint Protest, Kritik, Widerspruch in der Hoffnung, dass bestenfalls der Adressat der Kritik ein Einsehen hat und alles gut wird. Wenn Voice nichts fruchtet, bleibt als alternative Option der Exit, die Abwanderung, abermals in der Hoffnung, dass am Fluchtpunkt alles anders wird. Hirschman, ein deutscher Jude, der rechtzeitig aus Nazi-Deutschland nach Amerika abgewandert ist und als unkonventioneller Ökonom weltberühmt wurde, hat sein duales Konzept auf viele Welten angewandt. Als Kunden können Marktteilnehmer zum Konkurrenten abwandern, sie können aber auch auf eine Verbesserung des Produkts setzen.

»Customer Loyalty« ist ein Ziel, auf das alle Unternehmen viel Geld und Denkanstrengung verwenden: Nötig dafür sind ein guter Service und eine klare Markenstrategie. Denn eine Marke (Tempo, Nivea, Adidas etc.) funktioniert quasi als einheitsstiftendes Band der Zugehörigkeit. Kunden sind markentreu, also loyal. Die Marke muss gepflegt werden und soll rein bleiben. »Customer Loyalty is about much more than repeat purchases«, trichtert die Management-Literatur den Unternehmen ein: Ein loyaler Kunde kauft nicht nur. Er empfiehlt das Unternehmen seiner Familie, seinen Freunden und Kollegen. Ein loyaler Kunde bringt neue Kunden. Für ihre treuen Kunden bieten viele Firmen eigene Premium-Communitys, welche die Kundenbeziehung als eine Art Familie organisieren. »Amazon Prime« ist besonders erfolgreich: Es funktioniert wie ein riesiges Online-Kaufhaus, das alle Wünsche erfüllt. Warum sollte man Amazon untreu werden, wo es sich all unserer Wünsche annimmt? Unternehmen tun gut daran, den Widerspruch der Kunden ernst zu nehmen, wollen sie sie dauerhaft an sich binden.

Ein klassischer politischer Fall von Abwanderung und Widerspruch im Sinne von Albert O. Hirschman ist das Ende der DDR: Es gab Proteste und Demonstrationen (»Neues Forum«) auf der einen Seite und zeitgleich auf der anderen Seite Abwanderung und Flucht (über Prag und Ungarn). Beides zusammen brachte den deutschen Sozialismus zu Fall. Doch während die Demonstranten mehrheitlich auf einen besseren Sozialismus setzten und damit, die Realität beschönigend, eine bleibende Loyalität zu ihrer ideologischen Heimat – zu ihrem sozialistisch reinen Ideal – zum Ausdruck brachten, hatten die Exilanten kapituliert und setzten auf Wohlstand und Markt. Am Ende hat der Exit, die massenhafte Illoyalität, gesiegt.

In der Rezeption von Hirschmans Klassiker wird der dritte Teil des Buches – eben die Theorie der Loyalität –

meist übersehen. Loyalität, der der Autor das große siebte Kapitel widmet, vermag der Alternative Exit/Voice ihre logisch neutrale Unschuld als einer symmetrischen Alternative zu nehmen. Hirschman definiert Loyalität als eine starke Barriere gegen die Abwanderung. Ökonomisch gesprochen belegt Loyalität die Abwanderung mit einer Art zusätzlichem Schutzzoll, womit die Kosten des Exits signifikant höher werden als die des Widerspruchs.

Als Reaktion auf Unzufriedenheit sind Abwanderung und Widerspruch damit keine gleichwertigen Reaktionsalternativen mehr, obwohl sie es logisch betrachtet sein müssten. Technisch gesprochen verschiebt die Loyalität bei gleichem Ausmaß der Unzufriedenheit den Austrittspunkt auf der X-Achse – die von kompletter Ablehnung (links) bis kompletter Zustimmung (rechts) reicht – nach rechts: Sie stellt mehr Zustimmung her, als ich eigentlich ohne das warme Gefühl der Zugehörigkeit bereit wäre aufzubringen. Loyalität erschwert den Exit und privilegiert den Widerspruch oder die »innere Emigration« – wenn nicht sogar den Opportunismus. Für die unter dem Druck der Entscheidung stehenden Menschen ist Loyalität Ausdruck eines unbewussten Kalküls, welches die erwarteten Austrittskosten zu den bislang schon geleisteten (materiellen wie immateriellen) Kosten der Mitgliedschaft in einer Familie oder Gruppe addiert und als zu hoch verwirft.

Loyalität verteuert den Exit, ist eine Art konservativer Kleber. Davon profitieren a priori alle Familien, Unternehmen oder Institutionen. Sie müssen sich weniger anstrengen, ihre Mitglieder, Mitarbeiter und Kunden vom Bleiben zu überzeugen. Loyalität wirkt wie eine Versicherung gegen

Abwanderung. Und hat, wie wir gesehen haben, dafür als stärkstes Pfund die Mitglieder selbst auf ihrer Seite: Denn sie sind in Loyalität gebunden an ihr eigenes Ideal und wollen nicht des Selbstverrats schuldig werden. Das könnte auch eine Erklärung sein für die Treue der Kommunisten zu ihrer Ideologie, allen negativen Erfahrungen und quälenden Leiden zum Trotz – am Ende bis zum Tod durch das idealisierte Regime.

Machen wir das Abstrakte konkret. Loyalität – die Bewegung auf der X-Achse nach rechts in Richtung größere Zustimmung zu den Werten der Gruppe – kann bewusst hergestellt werden: Durch Skandieren zum Beispiel! »Ho, Ho, Ho Chi Min«, wurde auf deutschen Straßen während des Vietnamkrieges skandiert. »Bürger lasst das Gaffen sein, reiht euch ein, reiht euch ein« sollte der Verbreiterung des Gruppenzusammenhalts dienen. »Lügenpresse, Lügenpresse«, skandieren Pegida-Demonstranten in Dresden. Zur Unterstützung von Loyalität gegenüber der herrschenden Staatsmacht lassen Regimes jeglicher Couleur gerne die Massen aufmarschieren, die dann affirmative Sprechchöre zum Lob der Regierung anstimmen oder den Gegner und Aggressor attackieren, so etwa in Teheran nach der Tötung des iranischen Generals Soleimani durch eine US-Drohne Anfang 2020.

Singen, Brüllen, rhythmisches Sprechen in der Gruppe sind Sprechakte zur Herstellung, Vergewisserung und Intensivierung von Loyalität. Sie ähneln den »ethnischen Zeichen«, etwa T-Shirts oder Tattoos, von denen wir zu Anfang dieses Essays gehandelt haben, gehen aber weit über das »nur« Zeichenhafte hinaus: als »eine von Sprache getragene, aber auch körperliche Vollzugsform, die Affekte freisetzt« (Petra Gehring). Die Schlachtgesänge in den Fankurven der Fußballstadien sind »reale« Kampfhandlungen, dienen der Ermutigung und dem Lobpreis der eigenen Mannschaft und wollen zugleich den Gegner aggressiv anmachen und beleidigen. Mit Skandieren werden Freund-Feind-Markierungen nicht nur sichtbar gemacht, sondern überhaupt erst geschaffen. Das »Skandieren«, »spontane Intonationsformen und Sprechchöre ohne klangliche Instrumentierung in der Nähe des Gebrülls«, ist weder Musik noch Sprache, eher Rhythmus, Beat, verbunden mit einer Art körperlicher Ekstase. Ein Sprechakt der Körper in der Masse.

Das Skandieren setzt nicht einfach nur Emotionen frei, die irgendwo still schlummern, sondern erzeugt sie. Die Macht dieser Art von Lauten an der Grenze von Sprache, Musik und Gebrüll wäre dann ein »Kraftwerk der Gefühle« (Alexander Kluge), in welchem, einer Fabrik gleich, diese Gefühle produziert werden. Vergleichbar der »Macht der Töne« verfügt die »Macht der Sprache« über so etwas wie Körperkraft. Affekte produzieren Effekte (und nicht umgekehrt). Weil Töne und Rhythmen stärker noch haften als Bilder, dient das Skandieren der langfristigen Haltbarmachung von Loyalität. Immer dort, wo Loyalität nicht schon quasi von Natur aus gilt (etwa in der Familie), kann sie durch Skandieren oder auch durch das Absingen von Gemeinschaft stiftenden Liedern hergestellt und bekräftigt werden.

In der Masse sich als Teil einer Gruppe Gleichgesinnter zu fühlen, schafft ein gutes Gefühl: als würde der Lohn der Zugehörigkeit ausgezahlt werden. Die Kehrseite der Zugehörigkeit heißt Scham und Verrat, (imaginierte oder reale)

Strafen der Nichtzugehörigkeit. Scham und Verrat sind die ständigen unsichtbaren Begleiter der Loyalität. Scham ist die mildere Strafe der Demütigung für das Vergehen der Illoyalität, die Verurteilung als Verräter ist die harte Nummer des Verstoßes.

Scham kennt jeder, davon war schon im zweiten Kapitel die Rede. Es ist ein unangenehmes Gefühl, das in peinlichen Situationen aufkommt und unmittelbar körperlich wirkt. Spätestens in der Pubertät geht es los. Man möchte im Boden versinken und hört sein eigenes Herz schlagen. Am schlimmsten ist es, dabei rot zu werden: Dann können, was man ja gerade vermeiden will, alle anderen sehen, dass ich gerade in ein Fettnäpfchen getreten bin. Das »Fettnäpfchen« ist Sinnbild der unausgesprochenen Normen, die in einer Gruppe gelten. Es zeigt an, was man nicht erwähnen oder machen darf. Jedenfalls weiß man das hinterher, wenn man reingetreten ist.

Léon Wurmser, ein in Amerika lebender Schweizer Psychoanalytiker, dem wir in diesem Buch früher schon einmal begegnet sind, unterscheidet in seinem Buch »Die Maske der Scham« drei Ebenen: die Schamangst bei drohender Gefahr der Bloßstellung; den Schamaffekt, all die spürbaren unangenehmen Emotionen; und schließlich die Schamhaftigkeit, den Versuch, Situationen zu meiden, die Demütigungen mit sich bringen könnten. Scham, so Wurmser, bezieht sich auf eigenes Versagen, darauf, dass man schwach, fehlerhaft und mangelhaft ist. Sie unterscheidet sich von der Schuld, welche die Verletzung eines anderen zum Inhalt hat. Kurzum: Scham ist etwas, das jeder gerne vermeiden möchte, das sich aber ein Leben lang nicht vermeiden lässt.

Allenfalls mit besonders unsensibler Naivität begabte Zeitgenossen schaffen es. Für sie hat der Schöpfer das sogenannte Fremdschämen erfunden. Andere übernehmen dann stellvertretend die unangenehmen Affekte.

Im zwischenmenschlichen Kampf lässt sich Scham als Waffe einsetzen. »Schäm dich!«, sagt die Mutter zum Kind. Früher musste man dann in der Ecke stehen. Pranger wurden jene Holzpfähle genannt, an die man seit dem 13. Jahrhundert verurteilte Straftäter fesselte, um sie öffentlich vorzuführen. Jemandem Schamgefühle zuzufügen, ist ein Akt öffentlicher Demütigung zur Strafe und zur Abschreckung aller anderen, die zuschauen und gaffen.

Hartnäckig ist die Scham nicht zuletzt deshalb, weil sie auch in der Erinnerung sich nicht verändert, sondern als ursprünglicher Affekt wiederkehrt, so als ob sie im Körper eingebrannt wäre. Wer sich an einen zurückliegenden Moment der Freude erinnert, empfindet dabei nicht unbedingt Freude. Wer sich an einen Moment der Scham erinnert, schämt sich wieder, wird rot, spürt den Herzschlag, möchte in den Boden versinken. So gesehen ist Verdrängung schamhafter Momente das Beste, was einem passieren kann. Bei Annie Ernaux hat es über 55 Jahre gedauert, bis sie sich der »Erinnerung der Scham« stellen konnte.

Scham, wenngleich alles andere als angenehm, ist die mildere Form der Ausgrenzung. Die Stigmatisierung der Illoyalität als Verrat ist die harte, weil endgültige Form. Der Verräter ist uns im Gang der Überlegungen schon einige Male begegnet: Der Whistleblower ist mit dem Vorwurf des Verrats konfrontiert, eine Verstärkung des Verdachts der Nestbeschmutzung. Der Aufsteiger fürchtet, seine Familie zu verraten und im Stich zu lassen. Und der kommunistische Kämpfer wird als trotzkistischer Links- oder Rechtsabweichler denunziert, ein Vorwurf, sei er auch noch so absurd, der genügt, um ihm den Prozess zu machen.

Hier zeigt sich: Verrat ist der Vorwurf der Gruppe oder des Clans, dem Loyalität zugesagt wurde, an das einzelne Mitglied, das diese Treue nun vermissen lässt. Der berühmteste Verräter der Weltgeschichte heißt Judas Ischariot. Festes Mitglied des Zwölferkreises um Jesus von Nazareth, verrät er den Anführer des Apostelkreises für ein paar Silberlinge. Während Petrus, noch ehe der Hahn ein drittes Mal kräht, leugnet, etwas mit Jesus zu tun zu haben, also die für Loyalität so wichtige Zugehörigkeit abstreitet, hat Judas sich nicht nur aus der Gruppe der Jünger gelöst, sondern sich zudem gegen die Jünger und Jesus gewandt und den Sohn Gottes und König der Juden den Häschern ausgeliefert. Diese Tat hat ihn charakterlich vernichtet.

Das perfide Zeichen des Verrats ist der Kuss, eher rituelle denn latent homosexuelle Geste, die die besondere Nähe der Treue suggeriert und doch zugleich den Verrat vollzieht, weil der Kuss den Söldnern anzeigt, wer aus der Gruppe Jesus, der Messiasprätendent, ist: »Der, den ich zur Begrüßung küssen werde, der ist es. Den müsst ihr festnehmen.«

Verrat ist der stärkste denkbare Vertrauensbruch, im Falle von Judas dadurch besonders schändlich, dass Judas nicht etwa den Glauben an Jesu Sendung verloren hätte – jedenfalls wird darüber nichts berichtet –, sondern bereits das Versprechen der dreißig Silberlinge, schnöder Mammon, ausreichte, um seine Tat zu motivieren. Der Verrat nimmt billigend in Kauf, den Freund an den Feind auszuliefern.

Der Verrat durchbricht in niederer Absicht die klare Scheidung zwischen Freund und Feind.

Auch mit der Loyalität der übrigen Jünger ist es bekanntlich nicht so weit her. Sie stellen sich nicht vor Jesus, um ihn zu schützen. Einzig Petrus, der spätere Leugner, profiliert sich auf eine etwas hilflose Weise, indem er einem Soldaten mit seinem Schwert das rechte Ohr abschlägt, wofür er von Jesus sogleich zur Ordnung gerufen wird: »Stecke dein Schwert in die Scheide!« Das verweist auf einen paradoxen Bruch in der Logik der biblischen Geschichte: Ohne den Verrat des Judas wäre Jesus womöglich der Kreuzestod erspart geblieben, aber den Sündern, für die der Kreuzestod stellvertretende Sühne war, wäre dann auch die Erlösung versagt geblieben.

Also sollten die Christen nicht ganz so ungnädig mit Judas umspringen. Denn er ist in Wirklichkeit eine tragische Figur, der – unbewusst als Werkzeug – den Verrat auf sich genommen hat als eine Art Mission, die heilsnötig ist für das Werk der Erlösung. Diese Deutung, die von dem katholischen Denker Charles Péguy stammt, macht aus dem Bösewicht am Ende den wahren Helden, weil er die denkbar mieseste Rolle in Gottes Heilsplan zugewiesen bekommen hat – eben als Verräter des Messias.

Die Sache wird noch vertrackter, schaut man sich an, wie der Jüngerkreis zustande gekommen ist – durch Urverrat nämlich der eigenen Familie. Bekanntlich stellt Jesus die harte Bedingung, wer ihm nachfolgen wolle, müsse »sich selbst verleugnen«: Das hat die Jesus-Bewegung mit der kommunistischen Bewegung gemeinsam. »Wenn einer kommt zu mir und nicht hasst seinen Vater und seine Mutter und die Frau und die Kinder und die Brüder und die Schwestern und auch noch sein eigenes Leben, nicht kann er sein mein Schüler«, heißt es im Lukasevangelium.

Das kehrt nicht nur die gewohnte Ordnung um, wonach die Loyalität zur Familie stärker ist als die zu Freunden, Jesus verbietet sogar doppelte Loyalitäten, wenn er nicht nur die Abkehr von der Familie, sondern sogar Hass befiehlt. Die Gemeinde geht immer vor, vor allen anderen Gemeinschaften. Und aus dieser verschworenen Bande löst sich Judas – folgt man der Schrift, lediglich für Geld. Es wird noch nicht einmal gesagt, dass er vom Glauben abgefallen sei, was zumindest eine ideologische Rechtfertigung abgegeben hätte.

Die Ächtung des Verräters ist in vielen Gruppen, Stämmen, Gesellschaften und Religionen größer als der Hass auf den Feind. Im Koran wird ständig vor den Juden gewarnt: Doch der Koran befiehlt nicht, Juden zu töten. Aber er befiehlt, Muslime zu töten, die sich vom rechten Glauben abwenden: Der Apostat, der abtrünnige Verräter, ist schlimmer als der Irrgläubige. Bei Dante schmoren die Verräter im innersten Zirkel der Hölle.

So hart wie Jesus ist nicht einmal die Mafia. Sie mutet ihren Mitgliedern keine Abkehr von familiären Loyalitäten zu, und weiß auch, warum: Mafiaorganisationen, die wie die N'drangheta in Neapel ihre Mitglieder unter Blutsverwandten rekrutiert, haben es seltener mit Abtrünnigen zu tun als Mafiabünde, die unabhängig von der Familie Mitglieder einwerben. Im Übrigen sind die Übereinstimmungen zwischen christlicher Gemeinde und Mafiagemeinde verblüffend: Giovanni Falcone, den die Cosa Nostra 1992 ermordete, hat einmal den Eintritt in die Mafia mit einer religiösen Erfahrung verglichen: »In die Mafia aufgenommen zu werden, ist wie der Übertritt zu einer neuen Religion. Man kann weder aus dem Priesterstand noch aus der Mafia austreten.« In beiden Fällen wird lebenslange Loyalität erwartet. Den Eintritt bezeichnet die sizilianische Mafia konsequent als »Taufe«. Der Tropfen Blut, der dem Novizen am Finger abgenommen wird, nimmt die Stelle des Weihwassers ein und symbolisiert das unauflösliche Band zwischen Neuling und Organisation. Zuweilen erhält ein Einschnitt im oberen Glied des Daumens die Form eines Kreuzes. Und womöglich ist es auch kein Zufall, dass es zehn offizielle Regeln der Cosa Nostra sind, die bei der Initiationszeremonie verlesen werden. Schließlich erhält der Neuling bei der Aufnahme einen »Paten«. Wie andere heilige Rituale enthält auch der Mafiaeid drei untrennbare Bestandteile: ein Versprechen, das Beschwören höherer Mächte und die Bestrafung aller, die einen Meineid begehen.

Jesus-Jünger-Gemeinde und Mafia werden hier nicht der provokanten Pointe willen verglichen, sondern weil es nicht viele Clans gibt, die derart enge Zugehörigkeitsstrukturen aufweisen. Entsprechend sind auch jeweils kultisch-performative Zeremonien nötig, die die Zugehörigkeit quasi vollstrecken. Der Wille des Novizen oder Täuflings ist dafür viel zu schwach. Es braucht ein Sakrament, ein Ritual, das aus sich selbst wirkt, verbunden mit Eid, Beschwörungsformeln und Ähnlichem.

Beide Gruppen, Christen und Mafia, kennen auch besonders starke Flüche für den Verräter und Apostaten, den Abtrünnigen, der es wagt, die Exit-Option zu ziehen. In der

Kirche ist es die ewige Verdammnis. In der Mafia ist es die Exekution. Man möchte nicht wählen müssen.

Zusammenfassung: Der Wunsch nach Zugehörigkeit ist stärker als der Wunsch nach Freiheit. Als stärkste Bindung erweist sich am Ende gar nicht die Verpflichtung gegenüber der Gruppe, sondern die Abhängigkeit vom eigenen Ideal, das zu verraten wir uns nicht trauen. Ideale in Reinheit entstehen vor aller erwachsenen Rationalität. Deshalb sind sie auch resistent gegen Aufklärung.

Wie geht es weiter? Loyalität ist klebrig. Aber Empörung gegen alles und jedes ist derzeit hoch im Kurs (Pegida, Fridays for Future, Querdenken 711). Wie passt das zusammen? Sind die neuen Protestbewegungen Ausdruck von Dissidenz und Illoyalität? Oder tappen sie – so die Vermutung – nur selbst wieder aggressiver und hermetischer in die Falle der Loyalität? Mit Populismus entkommt man der Freund-Feind-Differenz nicht. Im Gegenteil: Man verstärkt sie.

Kapitel 6

DIE EMPÖRUNG

NEINSAGEN FÄLLT SCHWER, so das Resümee der vergangenen Kapitel. Denn es bringt Entfremdung von der Herkunftsfamilie mit sich, wenn einer in die Welt hinaus will. Illoyal zu sein, bedeutet Ächtung von den Kollegen und scharfe Gewissenbisse, wenn es darum geht, Missstände in der Firma anzuprangern. Und es bedeutet – was am schlimmsten wiegt – Verrat an den eigenen Idealen gerade dann, wenn es erforderlich wäre, frühere ideologische Überzeugungen glaubwürdig abzulegen.

Umso merkwürdiger mutet es angesichts dieses allgegenwärtigen Zwangs zur Loyalität an, dass Illoyalität derzeit wieder hoffähig zu werden scheint: als Ausdruck »zivilen Ungehorsams« einer Gruppe Gleichgesinnter gegen Staat, Regierung, die epidemiologische Wissenschaft, die »Lügenpresse« oder die Mainstream-Gesellschaft, die aufgerüttelt und auf den rechten und guten Weg gebracht werden müssten. Es soll in diesem Kapitel darum gehen, herauszufinden, wann Illoyalität geboten ist – und wann nicht. Erst anschließend können wir uns an die Anleitung zur Illoyalität machen.

Anders gesagt: Gerade weil der moralisierende Gesinnungsterror im tribalistischen Kollektiv sich leicht als heroische Form der Illoyalität gegenüber dem Mainstream stilisieren lässt, ist er fein zu scheiden von jenem individuellen Aufbegehren der Nonkonformität, dem wenig Heroisches anhaftet. Eine Anleitung zur Illoyalität ist das genaue Gegenteil der gängigen Empörungsrhetorik, erst recht der kontrafaktischen Tendenzen sogenannter Verschwörungstheorien.

»Es ist Zeit! Jetzt oder nie gilt es, radikal zu werden. Erheben wir uns. Rebellieren wir!« Mit diesem Slogan wirbt das Handbuch »Wann, wenn nicht wir« der Öko-Aktivisten Extinction Rebellion um Unterstützung und Zustimmung. Extinction Rebellion (XR) ist eine mittlerweile immer mehr Zuspruch findende Polit-Bewegung, die in England im Herbst 2018 entstanden ist. Unter anderem legte sie die Metropole London mehrere Tage lahm und gab der Innenstadt mit Straßen- und Brückenblockaden ihre eigenen Farben – das Pink der Rebellion. Ziel ist es nach eigenen Aussagen, mit Mitteln des gewaltfreien zivilen Ungehorsams auf die existenzielle Krise – das sich rasant ausbreitende Artensterben, das auch uns Menschen erfasst – aufmerksam zu machen und einen Systemwandel herbeizuführen.

Von Extinction Rebellion war schon im ersten Kapitel dieses Buches die Rede. Dort unter dem Blickwinkel einer neuen, von Tribalismus geprägten Welt, in der die Realunterscheidung von Freund und Feind wieder hoffähig wird. Extinction Rebellion ist eine Bewegung, die rhetorisch und moralisch aufgeladene Loyalität von ihren Unterstützern einfordert, eine totale Identifikation, die vielen Anhängern freilich nicht allzu schwer fällt, weil die Organisation in hohem Maße mit ihren eigenen persönlichen Zielen übereinstimmt.

Extinction Rebellion steht im Zentrum der Erörterung, gleichsam exemplarisch, weil sich hier ein Unbedingtheitsanspruch kollektiv Ausdruck verschafft. Dieser Gestus ist ebenfalls weit verbreitet bei Fridays for Future, unter linksgrünen Journalisten und Intellektuellen oder aber auch – auf der rechten Seite – bei Pegida, der »identitären Bewegung«, oder der in der Corona-Zeit entstandenen Initiative »Querdenken 711 – Wir für das Grundgesetz«, die sich für »Eigenverantwortung, Selbstbestimmung, Liebe, Freiheit, Frieden und Wahrheit« und gegen die staatlich verordneten Freiheitseinschränkungen in Pandemiezeiten einsetzt. Alle diese Bewegungen könnten mehr oder weniger den apokalyptischen Slogan »Es ist Zeit …« unterschreiben, der ja offenkundig inhaltlich unbestimmt ist. Bestimmt darin ist nur die Dringlichkeit des Handelns hier und jetzt. Angesichts der Lage der Welt, der Gesellschaft oder des Corona-Ausnahmezustands gelte es, »Haltung zu zeigen«, heißt es vielfach. Die richtige Moral sei gefordert – gemeint ist Gesinnung.

Die meisten dieser Empörungsbewegungen sind junge Initiativen. Viele ihrer Anführer geben zu Protokoll, sie seien in ihrem bisherigen Leben unpolitische Menschen gewesen, müssten jetzt aber das Wort ergreifen. Die gängige Protestform ist die Großdemonstration, die in vielen Fällen professionell organisiert wird mit Busunternehmen und erfahrenen Widerstandsfirmen (etwa campact.de).

Vorbild der Empörungspraxis ist das Zornesbuch des damals 93-jährigen Stéphane Hessel (1917 bis 2013) »Empört euch!« aus dem Jahr 2010, dessen Inhalt sich darauf beschränkte, zum Widerstand aufzurufen, ein Bestseller, von dem binnen eines Jahres mehr als eine Million Exemplare verkauft wurden. In Deutschland lag das schmale Ullstein-Büchlein monatelang stapelweise an den Kassen der Bahnhofsbuchhandlungen. Die Streitschrift errang hohe Glaubwürdigkeit durch ihren Autor, der im Zweiten Weltkrieg für die Résistance gegen die deutschen Nazi-Besatzer Frankreichs gekämpft und das Konzentrationslager Buchenwald überlebt hatte. Der Gegner, dem auf riskante Weise Loyalität verweigert wurde, ist hier eindeutig fassbar: das Unrechtsregime der deutschen Nazis.

Hessels Pamphlet speist sich aus dem französisch-existenzialistischen Freiheitsgestus eines Jean-Paul Sartre und der unbegründeten Unterstellung, Finanzkapitalismus, Nationalismus oder Neoliberalismus seien mit der Naziherrschaft irgendwie strukturell vergleichbar und rechtfertigten auch heute eine Pflicht zu Illoyalität und politischem Widerstand. So jedenfalls wurde das Bekenntnis Hessels von der – inzwischen fast schon wieder in Vergessenheit geratenen – Bewegung Occupy Wall Street in den Jahren der Finanz- und Eurokrise gedeutet und als Legitimationsschrift in Anspruch genommen.

Heute richtet sich der heroische Empörungsgestus der neuen grünen oder rechten Bewegungen gegen eine gefährlich untätige Gesellschaft (sei es angesichts des Klimawandels, der islamistischen Bedrohung oder des staatlich unterdrückten Rechts des bürgerlichen Freiheitsgebrauchs), wenn es sein muss aber auch gegen den Kapitalismus, der die Auslöschung des Menschengeschlechts durch die Menschheit selbst erst ermöglicht haben soll. Die sozialen Netzwerke liefern quasi einen globalen Verstärker für die neue Empörungskultur, von der Stéphane Hessel noch nichts wusste. »Aktivismus ist zu einer der leichtesten Arten geworden, wie man als cool gelten kann«, sagt ein Teenager in Boston in einer Umfrage der Zeitschrift »Economist« zur Frage, wie Jugendliche die Regeln der Nachrichten (»news«) neu schreiben (August 2019). Es zeigt sich: Die Herstellung von Zugehörigkeit im virtuellen Raum erfolgt über sogenannte »Memes«, Textausschnitte, Videos, Podcast-Fetzen, die im Netz kettenreaktionsartig verbreitet werden und so im Nu einer breiten Masse bekannt gemacht werden.

Halten wir fest: Die neuen Bewegungen werden durch den hohen Ton der Empörung zusammengehalten, der stets mit relativ vagen Zielen einhergeht. Irgendwie alles verfällt der Empörung, so wie in den Achtundsechziger-Zeiten die FDGO (für die, die sich nicht mehr erinnern: »die freiheitliche demokratische Grundordnung«) oder »die herrschende Gesellschaft« als Ganze dem Verdikt verfielen, es gebe kein richtiges Leben im falschen. XR & Co. versammeln Menschen der richtigen Gesinnung um sich, verlangen Gruppenloyalität und fordern Illoyalität gegenüber einer verderbten, unbeweglichen verfassten Gesellschaft, ohne Rücksicht darauf, dass es sich um Demokratien handelt.

Wir haben es hier mit einer radikalen Gegenfigur zum Typus des »aufrechten Kommunisten« zu tun, von dem wir im vierten Kapitel gehandelt haben. Der »aufrechte Kommunist« stellt die Loyalität zum Staat über alles. Er ist sogar bereit, wider besseres Wissen sich selbst des Verrates und einer großen Illoyalität zu beschuldigen, die er nie begangen hat. Die Figur des Empörten indessen leugnet jegliche Loyalitätspflicht dem demokratischen Staat gegenüber, dem er als angeblichem Unrechtsstaat nichts schulden zu müssen meint. Man muss wissen, was man sich leisten kann: Der diktatorisch-ideologische Staat duldet keine Illoyalität. Der liberaldemokratische Staat lässt seine eigene Infragestellung zu.

Aus Illoyalität der Gesinnung soll Illoyalität der Tat werden. Dazu braucht es »zivilen Ungehorsam«. Ziviler Ungehorsam, so die kürzeste Definition, ist ein gewaltfreier Akt, der sehenden Auges gegen die Gesetze verstößt, ein Akt, der gerechtfertigt erscheint, weil seine Ziele als legitim ausgegeben werden. Legitimität rechtfertigt den Verstoß gegen die Legalität. Das hehre Ziel heiligt die illegalen Mittel.

»Zivil« am »zivilen Ungehorsam« ist nicht, dass es bei den Formen des Protestes zivilisiert zugeht, sondern, entsprechend dem englischen Wort »civil«, dass es eine »bürgerliche« Gehorsamsverweigerung ist den gewählten Repräsentanten gegenüber. Entstanden ist die Widerstandspraxis – zugleich auch ihre Theorie – in der Mitte des 19. Jahrhunderts als Protest gegen die amerikanische Sklavenhaltergesellschaft. Der Dichter Henry David Thoreau (1817 bis 1862) vertrat die Auffassung, es sei vom Gewissen geboten, einem Staat, der Sklaverei erlaube, die Steuern vorzuenthalten. Hier zeigt sich schon der Unterschied zur heutigen Empörungsfolklore: Gefolgschaftsverweigerung einem demokratisch verfassten Staat gegenüber hat ihren Ursprung nicht in der kollektiven Gesinnungsbewegung, sondern in der Gewissensentscheidung des Einzelnen. Sie nimmt immer in Kauf, für die Folgen dieser Entscheidung in Haftung oder – im schlimmsten Fall – in Haft genommen zu werden.

Dies ist der eklatante Unterschied zwischen den heutigen Freunden des zivilen Ungehorsams und der Tradition, derer sie sich bemächtigen: Illoyalität muss glaubhaft machen, dass der Staat, dem die Gefolgschaft verweigert wird, zumindest in Teilen ein Unrechtsstaat ist. Das liegt auf der Hand, wenn es um Sklaverei geht, die nach übereinstimmendem Urteil von Recht und Vernunft den Menschenrechten und der Menschenwürde widerspricht.

Das Urteil mag womöglich nicht ganz so eindeutig ausfallen, wenn es um den Krieg der Amerikaner in Vietnam geht, dessen Legitimität allerdings fraglos auf wackligen Beinen stand. Kein Wunder, dass ziviler Ungehorsam bis heute mit der pazifistisch begründeten Verweigerung des Kriegsdienstes mit der Waffe in Verbindung gebracht wird. In einer solchen Situation der »Fast-Gerechtigkeit« hält der Philosoph John Rawls es für erlaubt, den Gesetzen eines Staates nicht zu gehorchen, somit illoyal zu sein. Ein liberaler Staat zeigt seine Liberalität gerade darin, dass er die Widerständler gewähren lässt, obwohl er das Recht hätte, das Treiben zu beenden und auf sein Gewaltmonopol zu pochen. Dass er es nicht tut, schwächt ihn nicht, sondern verleiht ihm Stärke.

Diejenigen, die zivilen Ungehorsam üben, müssen eine klare Begrenzung ihrer Aktionen auf offenkundig ungerechte Strukturen in Staat und Gesellschaft beachten. Zwar darf auch in einer Demokratie die Mehrheit die Minderheit nicht terrorisieren. Aber genauso wenig darf eine Minderheit sich auf übergeordnete Ziele berufen und der demokratisch zur Macht gekommenen Mehrheit eines Rechtsstaates nach Gutdünken Treue verweigern.

Würde man dies als Musterfall von Illoyalität verstehen, wäre die These dieses Buches gründlich missverstanden. Nicht zuletzt lebt die neue Empörungsbewegung ihrerseits von großem Loyalitätsdruck *innerhalb* der Protestgruppe. Während der Regierung und dem Staat – zumindest rhetorisch – die Gefolgschaft aufgekündigt wird, willigen die Protestanten in einer Art Tauschhandlung in die Zugehörigkeit zu einem neuen Stamm ein: XR, Querdenken 711 oder wie sie alle heißen. Sie dünken sich aufmüpfig und unterwerfen sich treu dem neuen Gruppenzwang.

Es liegt auf der Hand, dass die Bedingungen zum zivilen Widerstand, auf den etwa XR oder Pegida sich berufen wollen, heute nicht gegeben sind. Die Regierungen der demokratischen Staaten haben den Klimawandel nicht zu verantworten, während frühere Regierungen sehr wohl für die Sklaverei oder den Vietnamkrieg verantwortlich waren. Das ist keine Nebensächlichkeit. Der Klimawandel, so bedrohlich er ist, ist eine hochriskante Nebenfolge des technischen Fortschritts, keine böse Tat von Staaten oder Firmen. Und die Staaten versuchen – wie unzureichend auch immer – seit dem Kyoto-Protokoll von 1997 dem Klimawandel zu Leibe zu rücken. Dieses politische Handeln lässt sich als halbherzig oder attentistisch kritisieren. Aber es lässt sich beim besten Willen nicht als Ausdruck eines Unrechtsregimes qualifizieren und als Berechtigung verwenden, dagegen mit zivilem Widerstand vorzugehen.

Der Philosoph Hermann Lübbe hat schon 1984 in zwei Vorträgen über den »politischen Moralismus« vor dem Triumph der Gesinnung über die Urteilskraft gewarnt. Die schmale Schrift, Anfang 2019 neu aufgelegt, wirkt beim Lesen überraschend frisch. Lübbe nimmt sich den prominenten Satz Immanuel Kants vor, das Gewissen könne nicht irren, und sucht ihn gegen seine ideologische Inbesitznahme zu retten. Die Berufung auf das Gewissen ist der Angelpunkt des zivilen Widerstands. Es ist die Priorisierung des individuellen Handlungsgebots gegen die Pflichten von Sitte, Sittlichkeit, Moral oder Recht. Gerade in der christlichen Theologie, die gerne als dogmatisch kritisiert wird, genießt das Gewissen einen hohen Stellenwert. Nach Thomas von Aquin soll der Gläubige lieber die Exkommunikation als den Verstoß gegen sein Gewissen in Kauf nehmen.

Aber was genau ist mit dem Satz gemeint, das Gewissen könne nicht irren? Wäre damit die subjektive Beliebigkeit jedweder abweichenden Gesinnung gerechtfertigt, alles und jedes, wofür oder wogegen ich mich richte, als Ausdruck des Gewissens zu deklarieren, wäre es am Ende nicht mehr als die Heiligung jedweder Willkür. Lübbe erinnert an den klassischen Fall einer Gewissensentscheidung, den Widerstand des 20. Juli 1944. Die Gewissheit, mit der Tat im Recht zu sein, die auch ihr Scheitern einzukalkulieren hatte, war eine gewissenskonforme Gewissheit.

Aber sie berief sich nicht auf subjektive Einsicht, sondern auf die Tradition von Moral und Recht, wonach der Tyrannenmord in einem verbrecherischen System nicht nur erlaubt, sondern sogar geboten sei. Das Gewissen ist somit das Gegenteil von spontaner Einfallswillkür der reinen Innerlichkeit. Es ist eine Art der vergegenwärtigenden Erinnerung an die tradierten Überzeugungen von Recht und Moral.

Das nimmt ihm den heroisch subjektivistischen Habitus des dezisionistischen »Hier stehe ich, ich kann nicht anders«.

Noch radikalere Skepsis erfährt das Gewissen in der Hegel'schen Rechtsphilosophie: Weil subjektiv, »reine Innerlichkeit«, sei mit ihm kein Staat zu machen, so der Philosoph. Das sollte man nicht vorschnell als Staatsgläubigkeit abtun: Der Satz Kants, das Gewissen könne nicht irren, 1791 geschrieben, hatte die Erfahrung des Tugendterrors jakobinischer Schreckensherrschaft noch vor sich.

Anders gesagt: Missbraucht als Rechtfertigung von Gesinnungsterror, ist das Gewissen selbst in die Kritik geraten. Im rechten Sinne zu gebrauchen ist das Gewissen, so Lübbe, lediglich als Bestätigung der Urteilskraft und der Tugend der Klugheit, also als Berufung auf die Tradition des richtigen Lebens und Urteils. Andernfalls können wir nicht sicher sein, dass seine Richtersprüche sich nicht in Scharfrichtersprüche verwandeln.

Es ist so gesehen kein Zufall, dass XR sowohl die Verbrechen des Hitler-Regimes bagatellisiert als zugleich den eigenen Widerstand unter Berufung auf die Tradition des Antifaschismus heroisiert. Damit wird gerade der fundamentale Unterschied zwischen dem moralischen Gewissensgebot und dem willkürlichen Tugendterror nivelliert. Dafür ist zugleich erforderlich, den Klimawandel als absichtsvolle, von Menschen gewollte Tat – wie den Genozid der Nazis – zu verfälschen, anstatt ihn als Nebenfolge des menschlichen Fortschritts nüchtern in Blick zu nehmen. Als lebten wir heute in einem auch nur annähernd vergleichbaren Unrechtsstaat. Als wäre der bürokratisch geplante Genozid der Nazis mit dem, wenn es denn so käme, Verschwinden der Menschheit durch Treibhausgase zu vergleichen.

Ähnliches ließe sich gewiss auch über die Corona-Demonstrationen des Jahres 2020 sagen, die so taten, als hätte sich Deutschland unter der Knute der Virologen zu einer autoritären Diktatur gemausert, in der die Freiheit des Einzelnen keinen Stich mehr machen dürfe. Allein die Möglichkeit großer Demonstrationen, im Zweifel mithilfe der Gerichte durchgesetzt, beweisen, dass der Rechtsstaat funktioniert.

Man kann das alles mit dem Politikwissenschaftler Philip Manow noch schärfer formulieren. Demokratie, zumindest die repräsentative Demokratie, ist das Gegenteil der Herrschaft der Plebs oder des Pöbels. Demokratie ist nicht nur Herrschaft des Volkes, sondern auch Herrschaft gegen das Volk. »Volk heißt nicht der Pöbel auf den Gassen, der singt und dichtet niemals, sondern schreyt und verstümmelt«, heißt es in der Vorrede zu Herders Volksliedern. Die Repräsentanten sind deshalb nicht die Vollstrecker des Willens der Repräsentierten.

Das ist der – beabsichtigte – Denkfehler an der Idee der radikalgrünen Opposition, ein Bürgerrat oder eine Bürgerversammlung müssten einberufen werden, welche die Repräsentanten in den Parlamenten imperativ mandatiert, auf der Stelle den Klimawandel zu stoppen. Abgesehen davon, dass der Regress unendlich wäre – auch eine Bürgerversammlung ist nicht identisch mit dem Willen der Bürger: Aber so ist repräsentative Demokratie nicht gedacht. Sie macht zivilisiertes Regieren statt zivilem Ungehorsam zur Norm. Populismus und Demokratie vertragen sich nicht.

Das spiegelt die Entwicklung der vergangenen Jahre. Die Idee des Volkes hat nicht zum Verschwinden des Pöbels geführt. Das war eine Illusion der revolutionären Staatslehren seit der Aufklärung. Der gewollte Abstand der Repräsentanten von den Repräsentierten wird immer zum Problem: Es ist quasi das Urtrauma der repräsentativen Demokratie. Das Aufkommen des Populismus wäre dann als Wiederkehr des Verdrängten zu interpretieren.

So gesehen hätten wir heute gar nicht so sehr eine Krise der Demokratie, sondern eine Krise der repräsentativen liberalen Demokratie und des Rechtsstaates, der nicht zuletzt durch die Gewaltenteilung die monopolistische Macht des Volkes beschneidet. Das Volk als Pöbel (ethnos) oder »Mob« (Hannah Arendt) lässt sich nicht gerne zum Demos – zum Staatsvolk – zivilisieren und offen entmachten, sondern wittert dahinter einen elitären Paternalismus, dem es misstraut.

Dieser Grundkonflikt der repräsentativen Demokratie wird zum Einfallstor des populistischen Führers, der starke Loyalitätsbekundung seines Volkes mit dem warmen Gefühl totaler Zugehörigkeit belohnt. Und sich davon die Erlaubnis zur Entmachtung konkurrierender Institutionen geteilter Gewalten geben lässt: Gekrönt vom Pöbel, lassen sich oberste Gerichte, freie Presse und Parlamente ignorieren, wenn nicht gar eliminieren. Auf diese Weise setzt sich der populistische Führer an die Spitze einer Illoyalitätsbewegung im eigenen Volk, die er zugleich für sich nutzt und selbst geschaffen hat. Sie kommt im Empörungsgestus daher, um in Wirklichkeit umso klebriger Unterwerfung zu verlangen.

Die schwächste Form einer Loyalitätserwartung im demokratischen Staat heißt, mit dem berühmten Begriff des Politikwissenschaftlers Dolf Sternberger, »Verfassungspatriotismus«: Das ist eigentlich schon fast eine Haltung der Verlegenheit, die nach den Verbrechen der Nazis den Nationalismus ersetzen sollte. Dem Verfassungspatriotismus fehlt der affektive Unterleib, er ist eine sehr verkopfte Haltung, die Treue auf einen Text schwört, auf das Grundgesetz, eine Sammlung von Rechten und Pflichten, ohne erkennbaren Bezug zu Heimat, Tradition oder Assimilation. Bürger sind ihrem Land verbunden, doch ihre Loyalität ist kontingenter und kritischer Natur. Das ist das Reich der Freiheit: Distanz, Spott, Hohn werden hier nicht nur geduldet, sondern sogar gefördert. »Ethnische Zeichen« sind verpönt: Noch nicht einmal einen Nationalfeiertag vermögen wir Deutschen anständig zu begehen als Fest der Zugehörigkeit.

Man könnte darüber nachdenken, ob man den Verfassungspatriotismus überhaupt noch unter den Begriff der Loyalität subsumieren sollte. Sternberger selbst spricht von einer »blassen Loyalität«, was man schon daran sehen könne, dass den Symbolen der Staatsloyalität – Flagge und Hymne – mit größtmöglicher Distanz begegnet werde. Daran wird klar: Loyalität im demokratischen Rechtsstaat ist das Gegenteil von unkritischem Patriotismus. Im Gegenteil, der Rechtsstaat setzt den Preis für den Austritt – Exit und Migration – so tief wie möglich an, weiß er doch, dass das Recht auszuwandern ein Freiheitsrecht ist. Die bewusst einkalkulierte Abwanderung bewirkt auch, dass der Staat in seinen Loyalitätserwartungen an die Bürger zurückhaltend ist, er sich hüten wird, ihnen konfiskatorisch hohe Steuern abzupressen, und davon absieht, Massen zu Untertänigkeitsbekundungen zu zwingen.

Dass totale Loyalität im demokratischen Staat nicht verlangt wird, liegt nicht zuletzt an der immanenten Entmachtungsstruktur rechtsstaatlicher Gewaltenteilung. Im Vergleich zu Familien oder Wirtschaftsunternehmen sind Staaten die am wenigsten auf die Macht eines Einzelnen bezogenen Organisationen. Im Lauf der Neuzeit wurde die Macht des Staatslenkers immer mehr begrenzt: Demokratische Wahl-, also Entmachtungsverfahren, Gewaltenteilung, Zweikammersysteme, das alles sind institutionelle und moralische Einhegungen absoluter Machtausübung und Loyalitätsanmaßung für Staats- und Regierungschefs. Man kann sagen: Im Staat geht es weniger autoritär zu als in einer Firma oder in einer Familie.

Die starke Loyalität des Clans, mit dem populistische Führer von heute die Zivilgesellschaft verwechseln, ähnelt indessen den Erwartungen an Fans eines Sportclubs. »Fantreue ist eifernd, blind und unerschütterlich«, schreiben die Politologen Ivan Krastev und Stephen Holmes (»Das Licht, das erlosch«) in ihrer viel beachteten Studie über den Aufstieg populistischer Staatsformen: »Fanjubel spiegelt ein Zugehörigkeitsgefühl wider. Rauflustige Bewunderung ersetzt kritische Auseinandersetzung. Wer nicht klatscht, ist ein Verräter.« Eine liberale Demokratie ist stolz auf blasse Loyalitätserwartungen, die Raum lassen für Widerspruch, Distanz und den Preis für Abwanderung niedrig ansetzen. Eine populistische Demokratie, die man – wenn auch mit Bauchschmerzen – illiberale Demokratie nennen kann, verlangt dagegen starke Loyalitäten der

Clantreue, die die Unterwerfung unter den charismatischen Führer voraussetzen. Die populistische Demokratie überträgt den Kleber der Fantreue auf Gesellschaft, Volk und Staat.

Seit geraumer Zeit ist eine politische Gegenbewegung unübersehbar, die auf eine Monopolisierung der Macht durch einen Führer an der Spitze und Rückgriff auf frühere autoritäre Traditionen der Staatsführung hinausläuft. In Wladimir Putin lebt die zaristische Tradition, in Recep Tayyip Erdogan das Sultanat wieder auf. Man legt keinen Wert auf eine »lupenreine Demokratie«. Donald Trump erfand »America First«, Boris Johnson will das britische Imperium zurückhaben. Es handelt sich allemal um Männer an der Staatsspitze (nehmen wir Viktor Orbán oder Jarosław Kaczyński hinzu), die sich offen zur Lust an der Macht bekennen und darin ganz offensichtlich nicht nur sich selbst, sondern auch ihren Untergebenen gefallen.

Erdogan, Orbán & Co. verwandeln offene Demokratien in protektionistische Autokratien. Sie beschneiden Freiheiten und verhindern Wettbewerb. Oder anders gesagt: Sie wollen ein Land wie eine Firma führen: diktatorisch, autoritär. Sie suchen in unterschiedlicher autoritärer Intensität und mit unterschiedlichem Erfolg ihre Staaten in gierige Organisationen zu verwandeln, die starke und nicht schwache Loyalität von den Untertanen erwarten.

Man kann das als Gegenbewegung zu den schwachen Bindungen und brüchigen Zugehörigkeitserwartungen verstehen, die in liberalen Demokratien gelten. Man kann gewiss auch konstatieren, dass liberale Demokratien zu wenig affektive Ressourcen bereitstellen, wenn sie den Patriotismus auf null zurückfahren und in Kauf nehmen, dass die Bürger sich alleingelassen vorkommen.

Krastev und Holmes, die beiden Politikwissenschaftler, sprechen davon, dass die populistischen Führer die »Republic of the Citizens« verwandeln in eine »Republic of Fans«. Dort ist Gefolgschaft wichtiger als Wahrheit und Fakten. Skandieren ersetzt kritische Urteilskraft und individuelle Souveränität. Warum sollte jemand Trumps Behauptung glauben, dass »einige der unehrlichsten Menschen in den Medien die sogenannten Fakten-Checker« sind? Die Antwort lautet, dass das keine Sache des Glaubens, sondern der Loyalität, Zugehörigkeit und Treue ist. Da sind wir wieder bei der Loyalitätsbekundung, die Xi Jinping von allen chinesischen Journalisten erwartet, mit der wir diesen Essay ganz am Anfang begonnen haben.

Populistische, »illiberale« Demokratien imitieren soziologisch die Loyalitätsstrukturen, die in »Stammeskreisen«, bei der Mafia, im Bündnis alter Kameraden gelten. Aus liberalen Demokratien werden auf diese Weise Clans mit einem Clanführer an der Spitze. Während liberale Demokratien schwachen Kleber benutzen und gerade deshalb dem Verdacht der kosmopolitischen Unverbindlichkeit erliegen, gleichen die neuen gierigen Demokratien Freundschafts- oder Kameradschaftsbünden. Idealtypisch zeigt sich bei allen Abstufungen im Einzelfall der Unterschied zwischen liberalen und illiberalen Demokratien: Wer die regierende Partei nicht mehr wählt, ist dann nicht einfach ein Wechselwähler, sondern ein Verräter. Als seine Niederlage bereits von den Gerichten bestätigt war, warf Trump beleidigt-trotzig den Wählern vor, ihn verraten zu haben. Das ist tatsächlich eine ernste Gefahr für die Demokratie.

Ob es zwischen der in ihrer fragilen Schwäche gefährdeten Form des »Verfassungspatriotismus« und dem Fan- und Clantreue imitierenden Nationalismus des Populismus einen zivilen Mittelweg gibt? Ja, genau darum geht es. Nach allem, was bisher hier gesagt wurde, müsste es um eine kontrollierbare Portion affektiver Energie zur Herstellung von emotionaler Zugehörigkeit gehen, die doch zugleich nicht in blinde Loyalität mündete, hinter der immer gleich der Verräter lauert. Ohne Bindung geht es nicht. Ohne Rückendeckung einer Gruppe, der man sich zugehörig fühlt, geht es auch nicht. Das macht inzwischen für viele das Konzept der Heimat wieder attraktiv und unterscheidet es von einem Patriotismus, der immer in Gefahr steht, im dumpfen Nationalismus zu enden.

Heimat dagegen ist dezentral begrenzt. Natürlich kann man sagen, meine Heimat ist Deutschland. Aber viel eher würde man sagen: »Ich bin Schwabe.« »Meine Heimat ist das schwäbische Oberland.« Heimat muss kein Landstrich sein. Es kann ein Dialekt, ein Gefühl, eine Erinnerung (Prousts »Verlorene Zeit«) oder ein Jenseits (Paul Gerhardt: »Meine Heimat ist dort droben«) sein. Heimat ist nicht nur ein Konzept wie der Verfassungspatriotismus. Heimat braucht Lieder und hat Feste. Es ist ein Konzept der Sinnlichkeit: Man schmeckt es, riecht es. Heimat hat Bilder und Geschichten.

Heimat, sagt der greise Tübinger Volkskundler Hermann Bausinger in einem schönen Gespräch mit der kurdischen Schwäbin Muhterem Aras (»Heimat. Kann die weg?«):

»Heimat ist letztlich das Gefühl der Übereinstimmung mit der eigenen kleinen Welt.« Dabei zeigt sich auch: Heimat und Multikulturalismus sind keine Gegensätze. Muhterem Aras ist alevitische Kurdin, geboren im anatolischen Elmaagac, aufgewachsen in Stuttgart und inzwischen nach einem Wirtschaftswissenschaftsstudium Präsidentin des Landtags in Baden-Württemberg, als grüne Politikerin. In einem Gespräch, das ich 2018 mit Frau Aras geführt habe, sagte sie: »Heimat ist dort, wo ich meine Familie und meinen Lebensmittelpunkt habe.« Als Frau hat sie sich emanzipiert, als Migrantin ist sie in der schwäbischen Heimat seit Langem assimiliert. Zu Loyalität im Sinne der Unterwerfung unter eine »Leitkultur« hätte sie sich niemals bereitgefunden.

Statt bedingungsloser Loyalität seien ihr als Kind und Jugendliche in der neuen Heimat »Anker« angeboten worden: »Ganz wichtig war für uns eine Bauernfamilie im Ort. Da sind wir Kinder ein und aus gegangen. Ein Kind, die Christel, ist quasi zu unserer Schwester geworden. Wir waren fast jeden Tag bei ihr, haben viel ferngesehen und Pucki-Bücher gelesen, was sehr hilfreich war. Sonntags haben diese Bauern uns mitgenommen zu Ausflügen. Sie sind sogar mit uns in die neue Stuttgarter Staatsgalerie gegangen.« Schwäbische Bauern gehen sonntags mit alevitischen Kurden ins Kunstmuseum. Die Erzählung der Muhterem Aras ist sprechender als manche soziologische Theorie über soziale Mobilität und ethnisch-multikulturelle Integration.

Zusammenfassung: Man kann zwei Spielarten der Loyalität unterscheiden: eine starke, besitzergreifende, gierige. Und eine schwache, liberale. Sie unterscheiden sich nach dem

Grad der Klebrigkeit, mit der sie die Mitglieder binden. Und nach der Größe, also der Anzahl ihrer Mitglieder. Loyalität in der Familie, der Firma, der Freundesgruppe oder der Bewegung hat eine viel höhere Zähigkeit als die Loyalitätserwartung in der repräsentativen Demokratie. Dort sind Abweichungen Implikat der Zugehörigkeit. Familien, Firmen und neue Protestbewegungen sind allesamt »gierige Institutionen« (im Sinne von Lewis Coser), die hohe Identifikation verordnen. Eine schwache Loyalität ist die Erwartung der Zugehörigkeit, die an die Bürger in einem liberalen Staat gestellt werden.

Wie geht es weiter? Nachdem wir die Loyalitätsfalle nun ausführlich vermessen haben, wird es höchste Zeit, endlich über die Freiheit zu schreiben: Freiheit als Anleitung zur Illoyalität, die herzlich wenig mit den Empörungsbewegungen unseres aktuellen Gesinnungstribalismus zu tun hat, sondern viel eher sich orientiert an der Tugendlehre des Existenzialismus. Wer Autonomie will, darf sich vor der Erfahrung des Ausgestoßenseins nicht fürchten.

Kapitel 7

DIE BEFREIUNG

ES IST SCHWÜL, die Hitze macht allen Beteiligten Mühe, einen klaren Kopf zu bewahren. Sie sitzen in einem schmucklosen Raum irgendwo in Amerika und sollen darüber befinden, ob der Angeklagte, ein achtzehnjähriger Junge aus der Unterschicht, schuldig ist, seinen Vater umgebracht zu haben. Im Falle des Schuldspruchs droht dem Angeklagten der Tod auf dem elektrischen Stuhl. Die Spielregeln des amerikanischen Strafrechts sehen vor, dass die Jury einstimmig urteilen muss: entweder für »schuldig« oder für »nicht schuldig«. Einigt man sich nicht, muss das Mandat zurückgegeben werden.

Das ist die Ausgangssituation in Reginald Roses Kammerspiel »12 Angry Men« von 1952, meisterhaft mit Henry Fonda im Jahr 1957 von Sidney Lumet verfilmt und hierzulande bekannt unter dem Titel »Die zwölf Geschworenen«. Der Film ist ein Lehrstück über Gruppendruck und Loyalitätserwartungen. Aber auch darüber, wie es gehen könnte, sich daraus zu befreien, welche psychischen Kosten dabei anfallen – und welcher Gewinn.

In diesem letzten Kapitel soll es – nun endlich – um

Fingerzeige und Ratschläge zur Lösung aus der Loyalitätsfalle gehen. Oder positiv gefasst: Es geht um Befreiung, Selbstbestimmung und Souveränität. Und den begründeten Verdacht, dass dieses Bei-sich-Sein ohne Bruch (zumindest Aufbruch), Entfremdung, also ohne Illoyalität nicht zu haben ist. Wahre persönliche Identität, schreibt der große liberale Denker und Dichter Mario Vargas Llosa, entspringt »der menschlichen Fähigkeit, sich dem Kollektiv zu widersetzen und ihm eigene geistige Akte entgegenzusetzen«. Sagen wir es mit ein wenig Pathos, vor dem wir uns im Rest dieses Kapitels möglichst schützen wollen: Der höchste Wert eines gelingenden Lebens ist Treue, also Loyalität, zu uns selbst. Das impliziert Illoyalität zu anderen, zumindest in bestimmten Fällen.

Wir beginnen mit den zwölf Geschworenen. Und dem ersten Ratschlag:

I. Nimm deine Zweifel ernst

Die Beweislage aufgrund der Gerichtsverhandlung erscheint eindeutig und erdrückend. Zwar beteuert der Angeklagte seine Unschuld, doch er hat Indizien und Zeugen gegen sich, die lückenlos die Tat und das Motiv für den Mord zu erkennen geben. Dementsprechend gehen die Geschworenen auch davon aus, dass die Sache rasch erledigt sein werde. Die Hitze, wie gesagt, ist ohnehin unerträglich. Ein Jurymitglied hat für denselben Abend Karten für ein Baseballspiel und drängt, die Sache rasch zum Abschluss zu bringen. »Viel Lärm um nichts«, sagen sie und meinen damit, das Urteil stehe ohnehin fest, ohne dass man sich groß austauschen müsse. Einer aus den zwölfen, der die Moderation der Beratungen übernimmt, schlägt vor, dass in einer ersten, spontanen Befragung jeder sein Urteil abgibt. Dabei ist wichtig zu sehen, dass die Mitglieder des Kreises sich nicht kennen, sie haben keine gemeinsamen Geschichten, Hierarchien, alte Rechnungen etc., die sich auf das Urteil auswirken. Es gibt somit auch keine bereits zuvor bestehenden Loyalitätspflichten unter den Geschworenen, allesamt Männer übrigens. Aber es herrscht die unausgesprochene Erwartung, die Sache sei eindeutig und werde auf einen Schuldspruch hinauslaufen.

Von Nummer eins bis Nummer sieben – die Männer haben keine Namen – sieht es dann auch ganz danach aus: Einer nach dem anderen plädiert für »Schuldig!«, bis Nummer acht (gespielt von Henry Fonda) überraschend aus der Reihe schert. Das bedeutet wohlgemerkt nicht, dass er den Angeklagten für unschuldig hält. Aber er sieht »berechtigte Zweifel« an dessen Schuld, weswegen er sich nicht in der Lage fühlt, seinen sieben Vorrednern beizupflichten. Nummer acht macht sich damit zum Außenseiter: Der Druck, sich der Mehrheit anzuschließen, wurde von Nummer eins bis sieben aufgebaut. Und auch die Geschworenen Nummer neun bis zwölf plädieren alle für schuldig, sodass es am Ende elf zu eins steht und der Fall entschieden wäre, sähe das Recht nicht Einstimmigkeit vor und würde stattdessen die Mehrheitsregel gelten.

Entsprechend fallen die Reaktionen gegen den Außenseiter aus. Er wird persönlich angegriffen, verspottet, soll unter Druck gesetzt werden: »Sie sind der Einzige, der aus der Reihe tanzt«, »Ich glaube, Sie kommen sich sehr schlau vor«, so grummelt es unter den Geschworenen. Nummer acht wird sogar körperlich bedroht, soll dafür verantwortlich gemacht werden, dass sein Mitgeschworener sein Baseballspiel verpasst. Der Gruppendruck wird schier unerträglich, der Druck der schwülen Hitze im Raum versinnbildlicht es für den Zuschauer.

Was bis hierher passiert, können wir als »Herding« verstehen, ein Verhalten von Gruppen, worauf wir im ersten Kapitel bereits zu sprechen gekommen sind. »Herdenverhalten« ist, grob gesagt, definiert als die Übereinstimmung von Denken, Urteilen und Verhalten innerhalb einer Gruppe: In der Herde herrscht Konformitätsdruck. Das – mit einer Ausnahme – einmütige Urteil der Geschworenen bildet eine sogenannte Bestätigungskaskade ab, die bei den Nachfolgenden Wirkung entfaltet: Wenn all diese smarten Männer vor mir sich unabgesprochen einig sind, wer wäre ich, dass ich widersprechen würde?

Herding lebt vom »Gesetz der Zahl« (»numbers rule«), das da lautet: Die Mehrheit kann nicht irren. »Fifty million Frenchmen can't be wrong« ist der Titel eines Musicals von Cole Porter, dessen Schlagzeile die Wahrheit an die Anzahl der Menschen koppelt, die von etwas überzeugt sind. Dabei müsste selbst bei flüchtigem Nachdenken auffallen, dass es keinen logischen Zusammenhang zwischen Wahrheit und Mehrheit gibt.

Wir bilden uns ein, wir würden uns aufgrund abwägender Rationalität frei entscheiden, und übersehen dabei, wie erdrückend die Macht der puren Zahl sein kann. Minderheit zu sein, ist schwer auszuhalten. Das Fatale am Herding:

Es reicht, dass nur der erste der Juroren fest von der Schuld des Angeklagten überzeugt ist. Dann wird auch der zweite seine leichten Zweifel zurückstellen, die ihn womöglich geplagt haben, und sich dem Vorgänger anschließen. Für den dritten wird es abermals schwieriger zu widersprechen, denn nun scheinen schon zwei ohne Zweifel zu sein. Und so geht es weiter. Das Gesetz der Zahl ist ein Konstitutionsprinzip von Konformität und Loyalität. Und es ist Symbol für das Gift, das von Verschwörungstheorien ausgeht und in geschlossene Filterblasen mündet.

Man sollte all jene, die zustimmen, nicht vorschnell als Feiglinge schelten. Sie wählen ja nicht nur den bequemeren Weg, sondern meinen, Gründe zu haben, der vermeintlichen Rationalität der Mehrheit den Vorzug vor der eigenen Dissidenz geben zu müssen. Niemand will in die Irrationalitätsfalle jenes Geisterfahrers tappen, der tragischerweise alle ihm entgegenkommenden Fahrzeuge für Geisterfahrer hält und selbst meint, sich korrekt zu verhalten.

Es gibt Situationen, wo es wirklich vernünftig ist, den anderen mehr zu trauen als sich selbst. Deshalb ist die eigentlich spannende Frage in diesem abschließenden Kapitel nicht, wie es zum Herdenverhalten kommt, sondern welche Chancen und Bedingungen für das gelungene Ausscheren aus diesem Muster bestehen.

Seien wir ehrlich: Letztlich wissen wir es nicht. Letztlich ist aufrechte Illoyalität eine überraschende Ausnahme. Der Held in einem Film suggeriert, dass es gar nicht so schwer ist. Das liegt aber daran, dass er der Held ist und, wie etwa im Fall der »Zwölf Geschworenen«, wir schon ahnen oder längst wissen, wie es ausgeht, nämlich gut: Am Ende vermag der Dissident alle anderen auf seine Seite zu ziehen, und es siegen Gerechtigkeit und Humanität. Doch diesen moralischen Dank kennt der Abweichler in der wirklichen Welt noch gar nicht, wenn er seine Stimme erhebt. Er hat damit zu kämpfen, dass er selbst auch an das »Gesetz der Zahl« glaubt, womit sich die Zweifel am Urteil der Mehrheit in Selbstzweifel verwandeln. Der Dissident ist in der Rolle des Whistleblowers, der beweisen muss, dass die Mehrheit einen schweren Fehler begeht und dabei schwer irritiert wird von der Annahme, er selbst könne falsch liegen.

Zurück zu den »Zwölf Geschworenen«. Noch einmal: Nummer acht, der Dissident, gibt nicht vor, Gewissheit zu haben. Er ist nicht von der Unschuld des Angeklagten überzeugt, er hat lediglich Zweifel an der Schuld, und das genügt ihm, seine abweichende Meinung kundzutun. Denn er hält es für ethisch geboten, im Zweifel für und nicht gegen den Angeklagten zu stimmen. *In dubio pro reo*, wie der Grundsatz des römischen Rechts lautet. Der Zweifel hat seine Gründe: Beobachtungen von Ungereimtheiten und Grundsätze des Rechts. Der Zweifel ist mehr als ein willkürliches Bauchgefühl.

Wäre Nummer acht allerdings allein geblieben, hätte er es nicht geschafft, das Gremium der Geschworenen zu drehen. Er bietet sogar an beizudrehen, sollte sich ihm kein weiterer Geschworener anschließen. Dafür schlägt er eine zweite – anonyme – Abstimmung vor, an der er selbst sich nicht beteiligen will. Und siehe da, der alte Mann neben ihm bekennt, »nicht schuldig« auf seinen Zettel geschrieben zu haben: Auch er will nicht von Unschuld sprechen, sondern lediglich seine Zweifel zum Ausdruck bringen. Nummer acht hat ihn ermutigt, seinen eigenen Zweifel ernst zu nehmen. Da sind es schon zwei, und der Bann ist gebrochen. Der Zweifel übt seine segensreiche Wirkung aus. Jetzt kommt die Mehrheit mehr und mehr in die Defensive, bis am Ende auch der stärkste Widersacher einlenkt.

Daraus folgt der erste Ratschlag zur Befreiung: *Nimm deinen Zweifel ernst.* Er ist hinreichend für die Verweigerung zur Zustimmung und die daraus folgende Haltung der Dissidenz. Gewissheit ist nicht nötig. Nummer acht ist kein Poltergeist und Rechthaber. Er ist auch kein notorischer Besserwisser. Er ist nur nicht davon überzeugt, dass die anderen recht haben. Er nimmt seine Zweifel am Gesetz der Zahl ernst. Er gibt seine abweichende Meinung zu Protokoll.

Der Zweifel ist eine fragile Angelegenheit, eben das Gegenteil von Sicherheit. Aber er hat es in der abendländischen Philosophie seit Descartes weit gebracht. Mit dem »methodischen Zweifel« beginnt das kritische Denken. Der methodische Zweifel schützt vor Dogmatismus (ein anderes Wort für den Herdentrieb) und ist die Voraussetzung allen Selbstbewusstseins. Denn gerade im Zweifel werde ich mir meiner selbst gewiss als Zweifelnder. »Ich zweifle, also bin ich.«

Die Horde ist das Kollektiv, die Masse. Nur der Zweifel macht uns zum souveränen Menschen und ermöglicht Individuation.

II. Lerne, Nein zu sagen

»Was ist der Mensch in der Revolte? Ein Mensch, der Nein sagt.« Mit diesen beiden Sätzen beginnt Albert Camus' berühmter, 1951 erschienener Essay zur Geschichtsphilosophie.

Die Schrift wurde sogleich verstanden als eine Antwort auf die Totalitarismuserfahrung des Zweiten Weltkriegs, aber auch auf Camus' eigene gescheiterten Hoffnungen, die er wie so viele andere vor und nach ihm eine Zeit lang in die kommunistische Utopie gesetzt hatte.

Camus' »Mensch in der Revolte« spielt sich nicht im Himmel der reinen existenzialistischen Theorie ab. Er wurde zum politischen und biographischen Fanal und sollte – womöglich in voller Absicht – zu einem Eklat führen in den damals aufgeheizten Zeiten des Nachkriegs-Paris. Das »Nein« aus dem »Mensch in der Revolte« war nämlich der endgültige Bruch mit seinem Kontrahenten und Freund Jean-Paul Sartre, der damals – und noch lange Zeit danach – ein glühender kommunistischer Fantast war. Für die Marxisten schreitet die Menschheit über bestimmte Stufen der Geschichte stetig weiter in Richtung eines sozialistischen Paradieses. Camus widersprach: Er glaubte nicht (mehr), dass die Geschichte ein einziges unausweichliches Ziel kenne; und er glaubte nicht an ein Paradies auf Erden. Die Geschichte sah er stattdessen als eine Abfolge von Revolten an, ohne Teleologie, ohne Ziel. Die Geschichte wird in Betrieb gehalten von Neinsagern.

Sartre, so kann man es in dem wundervollen Buch »Das Café der Existenzialisten« der britischen Autorin Sarah Bakewell nachlesen, muss getobt haben. Sogleich habe er beschlossen, das Buch verreißen zu lassen, und zwar in seiner Hauszeitschrift »Les Temps modernes«. Camus verteidigte sich daraufhin in einem siebzehnseitigen Brief an Sartre, worin er dem Rezensenten seines Essays vorwarf, seine Argumente zu verfälschen: »Ich habe es langsam ein bisschen satt, unablässig Lektionen in Wirksamkeit zu erhalten, und zwar von Kritikern, die ihr Mäntelchen immer nur nach dem Wind gehängt haben.« Sartre hatte verstanden: »Das war's dann«, schrieb er. Es sei aus mit der Freundschaft. Camus nannte er einen Konterrevolutionär, eine Versöhnung sei nicht möglich. Den entsprechenden Brief an den Exfreund Camus sollte Sartre nicht mehr abschicken.

Dabei liegt Camus' »Nein« inhaltlich gar nicht so weit weg von Sartres Frage: »Ist der Existentialismus ein Humanismus« (1946), einem knappen Essay, der die These begründen sollte, warum der Mensch »zur Freiheit verurteilt« sei: »Wenn wiederum Gott nicht existiert, so finden wir uns keinen Werten, keinen Geboten gegenüber, die unser Betragen rechtfertigen. (...) Wir sind allein ohne Entschuldigungen.« Zur Freiheit verurteilt zu sein, weil es keine Werte, Normen oder Konformitäten gibt: Das ist die Kehrseite des »Nein«, das uns gebietet, anfangen zu müssen, ohne uns auf Zugehörigkeiten zu verlassen. Der Existenzialismus lebt vom Pathos der Dissidenz als Schicksal und Chance zugleich.

Doch es war zu spät. Camus hatte keine Lust mehr, »sein Mäntelchen in den Wind zu hängen«. Das »Nein« markiert die Abgrenzung zu den Konformisten und Opportunisten jeglicher Provenienz. Es misstraut aller Affirmation. Es misstraut allen Bewegungen, die das Positive feiern.

Wichtig ist: Das verweigernde »Nein« der Existenzialisten ist nicht zu verwechseln mit dem Schlachtruf »Empört euch«, der von Occupy bis Extinction oder Querdenken 911 als Fangesang der Revolte skandiert wird. Der Unterschied liegt auf der Hand: Das existenzialistische »Nein« führt in die Vereinzelung. Der Schlachtruf »Empört euch« dagegen führt in den neuen Tribalismus. Er führt in die Konformität. Die, die sich empören, empören sich in der Gruppe. Fridays for Future, Pegida, Querdenken 911 und all die neuen Freundschaftsbünde, von denen wir im ersten Kapital gehandelt haben: Sie bilden eine Herde, bleiben – gewollt – verfangen im Schema von Freund und Feind. Wer dagegen als Einzelner Nein sagt, kann zum Pionier werden, wenn es gut geht.

Dabei ist das stärkste Nein zuweilen ein Nein der Verweigerung durch Nicht-Handeln. Franz Jägerstätter, ein tiefgläubiger Bauer aus Österreich, weigert sich, die Hand zum Gruß zu heben und »Heil Hitler« zu sagen, obwohl alle anderen mitmachen. Er verweigert 1943 bei der Kraftfahr-Einsatzkompanie den Dienst mit der Waffe. Auch den Eid auf den »Führer« will er nicht leisten. Jedes Mal ist das Nein ein »nicht handeln« oder »nicht sprechen«. Jägerstätter wird eingesperrt und wegen »Wehrkraftzersetzung« hingerichtet. Die katholische Kirche hat ihn 2007 seliggesprochen, auch als eine Art wiedergutmachender Aufarbeitung angesichts der Loyalität der Kirche in der Nazi-Zeit. Der amerikanische Regisseur Terrence Malick hat Jägerstätter 2020 ein anrührendes filmisches Denkmal gesetzt (»Ein verborgenes Leben«).

Man darf sich freilich von solchen Vorbildern nicht einschüchtern lassen, die immer ein bisschen nach Luthers »Hier stehe ich, ich kann nicht anders« tönen. Wer den hohen Ton des heroischen Existenzialismus anschlägt, wird das »Nein« stets als Ausnahmesituation verstehen, vorbehalten vermutlich nur den wahren starken Naturen. Das ist dann zugleich die Entschuldigung dafür, warum der kleine Mann (rsp. die kleine Frau) doch zum Schicksal des Mitläufers/zur Mitläuferin verurteilt seien.

So meine ich es gerade nicht: Das »Nein« ist eben nicht der prinzipielle Einspruch gegen alles und jedes, sondern die je konkrete Weigerung und Ablehnung des Konformismus, die sich gegen Moden, Zeitläufte, allerlei Verhaltensanpassungen mit Anerkennungsversprechen wendet. Das »Nein« richtet sich gegen den Zwang zum Veganismus, gegen das Klischee des allgegenwärtigen Neokolonialismus und gegen die Nötigung, Donald Trump, Boris Johnson oder Alice Weidel für böse zu halten. Das »Nein« wendet sich aber auch gegen die subtilen Fesseln von Familie und Herkunftsmilieu. Und es wendet sich gegen das Verbot, das Milieu zu verlassen.

Leicht ist es trotzdem nicht, Nein zu sagen, auch wenn man den Widerspruch der Illoyalität tiefer hängt. Die Ja-Sager werden einen schneiden, sie wollen lieber unter sich bleiben. Da möchte man sich lieber auch zu den Konformisten gesellen: Es ist bequemer, kostet also nichts und bringt Anerkennung in der Gruppe. »Neinsagen ist schwierig, denn es ist ein Protest gegen Identitätsverlust, der die Identität des Protestierenden selbst bedroht.« So lesen wir es im Essay des Berliner Religionsphilosophen Klaus Heinrich, der den schönen Titel trägt: »Versuch über die Schwierigkeit Nein zu sagen« (1964). Die Angst, mit nichts mehr identisch zu sein, hält der Autor für »eine der größten Ängste dieser Zeit«.

»Wichtig zu lernen vor allem ist Einverständnis«, heißt es in Bertolt Brechts Schüleroper »Der Jasager« (1930), einem

Stück, das im Stil des japanischen No-Theaters die affirmative Aufopferung an die Gruppe feiert. Eine soziale Gemeinschaft könne dauerhaft nur Bestand haben, wenn im Konfliktfall die einzelnen Glieder »dem Ganzen Opfer zu bringen« bereit seien, wenn dem Gesamtinteresse Vorrang vor den Partikularinteressen eingeräumt wird: So könnte man Brechts Stück interpretieren. Kurt Weil, von dem die Musik der Oper stammt, legt Wert darauf, dass der »Jasager« gelernt habe, »für eine Gemeinschaft oder für eine Idee, der er sich angeschlossen hat, alle Konsequenzen auf sich zu nehmen«. Camus gegen Brecht. Mir ist Camus lieber.

III. Sage laut und deutlich, was du siehst und was du weißt

Ein paar Tage nach Weihnachten des Jahres 1978 bekam der United Airlines Flug 173 auf seinem Weg nach Portland im Bundesstaat Oregon Schwierigkeiten. Kurz vor der Landung ließ sich aus unerfindlichen Gründen das Fahrgestell nicht ausfahren. Der Kapitän hielt die Maschine in der Luft, kreiste über der Stadt, und die Crew machte sich fieberhaft daran, herauszufinden, was mit dem Fahrgestell schieflief und wie sich das Problem beheben lassen könnte. Der Ingenieur an Bord gab irgendwann zu bedenken, so langsam werde der Treibstoff knapp, doch wollte ihm keiner zuhören, weil alle mit dem Fahrgestell beschäftigt waren. Aber auch, weil der Ingenieur nicht klar genug Alarm gerufen hat. Kurze Zeit später war der Treibstoff alle. Die Maschine stürzte ab, zehn Personen starben.

Charlan Nemeth, eine an der Universität von Kalifornien in Berkeley lehrende Psychologin, erzählt diese Geschichte zu Anfang ihres Buches »Nein. Die Macht des Widerspruchs in einer Welt, in der alle gut miteinander auskommen wollen« (2018). Die bittere Pointe aus der Flugzeugkatastrophe: Manchmal schaffen wir es nicht, den Mund aufzumachen, noch nicht einmal, wenn das Leben von Menschen auf dem Spiel steht. Daraus leitet Nemeth den Auftrag ab: Widerspruch tut not. Er insistiert auf der Wahrheit dessen, was jemand sieht oder weiß – auch dann, wenn außer ihm niemand anders diese Wahrnehmung hat oder dieses Wissen teilen will.

Die Geschichte der United-Airlines-Maschine ist in Wirklichkeit komplexer: Das tödliche Verhängnis hängt auch zusammen mit fatalen Wahrnehmungen, die an die berühmten Vexierbilder erinnern: Weil alle auf ein Thema fixiert sind, werden andere wichtige Themen in den Hintergrund gedrängt. Wir sehen nur die alte Frau im Vexierbild, aber nicht das junge Mädchen. Die gesamte Crew war konzentriert darauf, das Fahrgestell des Flugzeugs locker zu kriegen. Dass dies mit fortgeschrittener Zeit ein Kerosinproblem mit sich brachte, hatte keiner der Verantwortlichen auf dem Schirm. Man kann nicht sagen, dass es gar niemand auf dem Schirm hatte. Vom Tower in Portland wurde später in Aufzeichnungen die Frage dokumentiert, ob ausreichend Treibstoff vorhanden sei. Doch mit diesem Thema drang niemand durch, auch weil es niemand wagte, dazwischenzufahren – und die nun viel dringlichere Gefahr zu benennen.

Es geht nicht (nur) um den Unterschied zwischen sprechen und schweigen. Häufig ist der Unterschied zwischen laut sprechen und leise sprechen noch viel entscheidender: Weil die Lauten laut sind, wagen die Leisen nicht, lauter zu werden. Es scheint eine Abwandlung des Gesetzes der Zahl vorzuliegen: Die Lauten nehmen für sich in Anspruch, die wichtigeren Themen zu traktieren, und die Leisen glauben es ihnen. Sie glauben sogar, dass ihre eigenen Themen weniger wichtig sind.

Im Fall von UA 173 handelt es sich um Wissen, das nicht als Gefahrenquelle durchdringt. Im Fall von Aschs Konformitätsexperiment, dem wir ganz am Anfang dieses Buches begegnet sind, handelt sich sogar um die verbürgte Wahrnehmung einer Wahrheit, die dem Mehrheitsdiktat der Herde geopfert wird. Gruppenzwang bewirkt, dass Teilnehmer des Experiments ihre Wahrnehmung darüber, welche beiden Linien in der Länge einander entsprechen, aufgeben und bereit sind, eine offenkundig falsche Behauptung sich zu eigen zu machen. Oder anders gesagt: Wenn die anderen falschliegen, lassen sich selbst die schlauesten Menschen ein X für ein U vormachen. Sie glauben lieber, was die anderen glauben, und geben dafür die Wahrheit preis.

Das erinnert an Hans Christian Andersens Märchen »Des Kaisers neue Kleider«. Der Kaiser und sein Volk, alle geben vor, etwas zu sehen, was nicht da ist: die schönen und prächtigen neuen Kleider, die der Kaiser angeblich trägt. Unaufgefordert kommt es zu einem Bündnis zwischen Mächtigen und den Untergebenen, die sich wechselseitig etwas vormachen – wie in Aschs Experiment, wo einige der Teilnehmer sagen, sie wüssten zwar, dass die Mehrheit falschliegt, hätten aber nicht den Mut, dies zu benennen. Andere, so wird es auch in Andersens Märchen sein, behaupten, sie hätten sich davon überzeugen lassen, dass die Mehrheit recht hat: Sie mögen autosuggestiv wirklich einen prächtig neu eingekleideten Kaiser gesehen haben. Bloß das Kind lässt sich nichts vormachen, spricht aus, was viele sehen und andere verdrängen: dass nämlich der Kaiser nackt ist.

Andersens Märchen liefert Anschauungsmaterial in vielerlei Hinsicht: Während die Erwachsenen – die Gebildeten, die Abhängigen, die Karrieristen – alle aus unterschiedlichen Gründen es sich nicht leisten können oder wollen, die Wahrheit auszusprechen, verblüfft das Kind – in aller Unschuld – mit der Wahrheit und macht die Macht lächerlich. Mehr noch: Die Wahrheit des Kindes verbreitet sich im Volk als eine neue Kaskade, eine Revolte im Sinne Camus' wurde angezettelt. Nicht jede Kaskade ist eine Kaskade der Lüge. Die vom Kind ausgelöste Kaskade der Unschuld (wie die von Nummer acht in den »Zwölf Geschworenen« initiierte Kaskade des Zweifels) ist eine Befreiung. Bloß der Kaiser selbst leugnet alles bis zum Ende hartnäckig: ein Akt kompletter Realitätsverweigerung, dem am Ende von den Untertanen keine Loyalität mehr entgegengebracht wird. Illoyalität, sofern sie risikolos ist, kann zum Massenphänomen werden.

Im Sinne unserer Anleitung zur Illoyalität sollten wir werben für eine Stärkung von Resistenz und Resilienz: die Schulung einer Widerstandsfähigkeit, die darauf besteht, dass ein X ein X und kein U ist. Es geht, wohlgemerkt, nicht darum, einfach das Gegenteil der Mehrheitsmeinung zu behaupten. Es geht darum, die Treue zum eigenen Wissen und zur eigenen Wahrnehmung nicht der – falsch verstandenen – Loyalität zur Gruppe unterzuordnen. Und sei das Versprechen warmer Stammeszugehörigkeit noch so verführerisch.

Allerdings warnen die Verhaltensökonomen vor allzu großen Hoffnungen. Ihre Experimente zeigen ganz andere Befunde, als die Geschichte der »Zwölf Geschworenen« es nahelegen würde. Anthony Ziegelmeyer, ein Ökonom an der Universität Belfast, führt momentan zusammen mit Matthias Sutter, Direktor am Bonner Max-Planck-Institut, Laborexperimente über die Widerständigkeit des Herdings durch. Das Versuchsdesign legt fest: In den Laborgruppen befinden sich einige Leute, die deutlich besser informiert sind als die anderen. So als hätte Henry Fonda nicht nur Zweifel an der Schuld des Jungen, sondern verbürgtes Wissen von dessen Unschuld, was mutmaßlich den Widerstand erleichtern müsste. Doch seine Ergebnisse seien bedrückend, berichtet Anthony Ziegelmeyer: Auch nachweislich besser informierte Probanden, die die Wahrheit kennen, wagen es nicht, sich gegen die große Herde zu stemmen. Und wenn sie es in Ausnahmefällen doch tun, dann findet sich selten jemand, der sich ihnen anschließt.

Dabei werden in den Experimenten der Verhaltensforscher die Entscheidungen sogar anonym getroffen, was deren Ergebnisse umso deprimierender macht. Denn das Risiko abweichender Meinung ist gering, weil es keinen Gruppendruck gibt, der als mildernder Umstand für das Anpassungsverhalten geltend gemacht werden könnte. Ziegelmeyers Conclusio: Es ist extrem schwierig, Menschen dazu zu bringen, sich rational zu verhalten. Rasch sind sie bereit, ihre eigenen privaten Informationen hintanzustellen, um den Anschluss an die Mehrheit nicht zu verlieren, selbst wenn sie wissen, dass die Herde falschliegt. Menschen weigern sich, einem starken Konsens zu widersprechen, auch wenn sie eigentlich von der Unwahrheit überzeugt sind. Das ist die Tragik der Konformität.

Damit ist Henry Fonda, die Nummer acht, noch keineswegs als Hollywood-Fantasie überführt. Aber er bleibt die Ausnahme. Das muss man wissen. Grund zur Resignation ist es nicht. Denn es gibt andere Möglichkeiten, den Druck zu Loyalität und Konformität zu brechen oder zumindest aufzuweichen.

Welche?

Statt Menschen zu Nonkonformisten zu erziehen, ist es womöglich einfacher, die Umgebung zu verändern, die den Konformismus erzwingt. Ökonomen gehen davon aus, dass es leichter ist, Institutionen zu ändern als Menschen. Das mag man pessimistisch finden, man kann es aber auch realistisch nennen. Institutionen sind von Menschen gemacht, also auch veränderbar. Und Institutionen setzten Anreize, gute und schlechte, auf die die Menschen reagieren können: Verändere die Umgebung und du bekommst andere Loyalitätsresultate, so geht die Hoffnung!

Was heißt das für unsere Suche nach Vorbildern der Befreiung aus der Loyalitätsfalle? Weil Gruppen häufig falsch entscheiden (Kaskaden, Gruppendruck, alte Loyalitäten), müssten Individuen hinreichend gute Bedingungen erhalten, über ihre Ansichten und Handlungen isoliert zu entscheiden, gerade um nicht auf den Gruppendruck hereinzufallen. Sie dürfen so wenig wie möglich durch die Entscheidung anderer beeinflusst werden, denen sie sich dann – bewusst oder unbewusst – anpassen würden. Wenn aber die Entscheidungen von den Vorgängern isoliert getroffen werden, haben die Nachfolger eine Vielfalt unterschiedlicher Meinungen vor sich. Solche Diversität schützt sie davor, einfach blind einer Herde zu folgen. Denn es gibt ja gar keine Herde.

Dieser Rat wird durch Experimente bestätigt. Setzt man Gruppen absichtlich kontrovers zusammen (zur Hälfte Linke, zur Hälfte Rechte), nivelliert sich der Sog in Richtung Extremismus, der ansonsten in Gruppen zu beobachten ist. Das heißt: Widersprüchliche Ansichten, Diversität innerhalb einer Gruppe, sind ein Gegenmittel zum Stammeszwang.

Daraus kann man ein Plädoyer für Demokratie und offene Gesellschaften machen. Denn Demokratien sind Staatsformen, die Illoyalität nicht per se sanktionieren, sondern – Stichwort: Balance of Power – in Maßen honorieren. Es ist geradezu gewollt, dass das Verfassungsgericht sich den vom Parlament verabschiedeten Gesetzen widersetzt, sofern es der Meinung ist, diese verstießen gegen das Grundgesetz. Die Demokratie setzt auf die schwache, nicht auf die starke Bindung. Das ist die humane Form der Vergemeinschaftung.

Ein Beispiel: Es gibt viele Anzeichen, dass ein Mietendeckel, der die freie Preisbildung bei Wohneigentum verbietet, der Verfassung und der marktwirtschaftlichen Eigentumsordnung widerspricht. Man darf annehmen, dass dies auch dem ein oder anderen Parlamentarier in Berlin, wo ein solches Gesetz erlassen wurde, ein entsprechendes Magengrummeln beschert hat. Doch im Parlament herrscht Loyalitätsdruck, den man Fraktionszwang nennt. Dieser bewirkt, dass einzelne Abgeordnete ihren auf anderem Wissen beruhenden Widerspruch nicht geltend machen (dürfen). Eine unabhängige Instanz wie das Verfassungsgericht unterliegt keinem parlamentarischen Mehrheitsdruck. Es kann sich quasi als Anwalt der unterdrückten Minderheit oder auch des Bürgers verstehen. Auch in Demokratien gilt das Gesetz der Herde, das durch konkurrierende Institutionen korrigiert werden muss.

Es war der britisch-österreichische Philosoph Karl Popper, der in den späten Kriegsjahren die Idee der offenen Gesellschaft (also Demokratie, Rechtsstaat und offene Märkte) als zivilisatorische Alternative zu einem jederzeit denkbaren Rückfall in das Stammesdenken pries. Ziel seines Buches, so schreibt Popper in der Einleitung, sei es zu zeigen, »dass sich diese Zivilisation noch immer nicht von ihrem Geburtstrauma erholt hat« – vom Trauma des Übergangs aus der Stammes- oder geschlossenen Gesellschaftsordnung, die magischen Kräften unterworfen ist, zur offenen Gesellschaftsordnung, die die kritischen Fähigkeiten des Menschen freisetzt.

Wer sind die Feinde der offenen Gesellschaft? Für Popper sind es »falsche Propheten«, jene Intellektuellen, die die Stammesinstinkte in Utopien des Nationalismus, Totalitarismus oder Kommunismus verwandeln. Popper identifiziert eine lange Reihe dieser »orakelnden Philosophen«, die den Rückfall in das Stammesdenken denkerisch vorbereitet haben: Plato, Hegel, Marx, das sind für ihn die Allerschlimmsten.

Gibt es historische Belege dafür, dass die liberale Demokratie, die Illoyalität prämiert, den auf Loyalität setzenden

Staatsformen (Diktatur, »illiberale«, populistische Demokratien à la Viktor Orbán) überlegen ist? Ein überraschendes Beispiel nennt der Verhaltensforscher Cass Sunstein. Es geht um die Frage, warum die Alliierten unter der Führung der Vereinigten Staaten und nicht Deutschland den Zweiten Weltkrieg gewonnen haben. Vor dem Kriegseintritt der USA veröffentlichten die Deutschen für Amerika wenig schmeichelhafte Analysen, die darauf hinausliefen, eine Demokratie sei, da politisch extrem schwerfällig, weniger geeignet, einen Krieg erfolgreich zu führen: »unfähig zu schnellen und effizienten nationalen Entscheidungen, blockiert von ihren eigenen Institutionen einer vielstimmigen Gesellschaft und gelähmt vom Kapitalismus mit seinen egoistischen privaten Interessen«, so steht es in den von Sunstein zitierten Berichten des deutschen Geheimdienstes. Demgegenüber habe die Diktatur deutliche Vorteile, so Hitlers Strategen: Klare Befehlswege von oben nach unten. Es kann durchregiert werden, was oben entschieden wurde. Und unten ist man zur Loyalität verdammt. Diese Vermutung über den Unterschied von Demokratien und Diktaturen ist gar nicht unplausibel; viele Menschen würden gewiss auch heute noch zustimmen. Sonst wäre die Angst vor China bei gleichzeitiger Bewunderung nicht so groß.

Es kam dann bekanntlich anders, und Amerika hat den Krieg gewonnen. Es könnte also sein, dass gerade die Förderung von Kritik und Widerspruch, die die Demokratie auszeichnet, ihr Erfolgsgeheimnis auch im Krieg gewesen ist. In der Diktatur ist Kritik nicht vorgesehen. Selbst die Führer glauben ihre eigenen Lügen. Und das Volk darf nicht widersprechen. In der Demokratie sind Öffentlichkeit, Mehrparteien, Medien aufgefordert, ihr abweichendes Wissen laut zu artikulieren. Sie dürfen dafür nicht gemaßregelt werden.

Einiges spricht dafür, dass stabile, am besten föderale Demokratien mit der Corona-Krise besser zurechtkamen als Länder, in denen Populisten an der Macht sind. Und das, obwohl sie viel mehr internen Widerstand aushalten mussten. Jedenfalls ist offenkundig, dass im Brasilien Jair Bolsonaros, in den USA Donald Trumps oder im Großbritannien Boris Johnsons mehr schieflief als im Deutschland Angela Merkels. Natürlich sind auch die USA und Großbritannien Demokratien, aber ihre Führer im Jahr 2020 tendierten zu Populismus. Großbritannien hatte (Stand Mitte Januar 2021) 87 000 Corona-Tote zu beklagen, in Deutschland waren es gut 45 000. Trump kannte früh die Wahrheit über die Gefahren von Corona, wie der Journalist Bob Woodward in seinem Buch »Rage« enthüllte. Er schwieg, angeblich um die amerikanischen Bürger nicht zu beunruhigen. Angela Merkel hatte früh die Strategie, alles jeweils bekannte Wissen auch zu veröffentlichen und sich notfalls zu korrigieren.

Institutionell eingebaute Aufforderung zur Illoyalität – genannt deliberative, also diskutierende Demokratie und Rechtsstaat – wäre dann ein Korrektiv, das dafür gesorgt haben könnte, dass Herdenverhalten und Lügenkaskaden nicht obsiegen. Selbst im Kriegszustand ist öffentlicher Widerspruch in einer Demokratie nicht (gänzlich) untersagt. »Herdentrieb, Gruppendruck, rigide Loyalitätserwartungen sind in allen Ländern und Gesellschaften gleich«, schreibt

Cass Sunstein: Aber die Demokratie hat die Aufforderung zum Widerspruch institutionalisiert. Die Diktatur unterdrückt ihn.

Ist dieses Lob der Demokratie übertrieben? Mag schon sein. Denn immerhin zählte zu den Siegern des Zweiten Weltkriegs auch die Rote Armee der Sowjetunion – bekanntlich das Militär einer verbrecherischen Diktatur. Und autoritäre Regime wie Singapur sind ebenfalls gut durch Corona gekommen. Gleichwohl sollte man rechtsstaatlich verfasste Demokratien, die auch den populistischen, von Lügenkaskaden getragenen Mehrheiten keine uneingeschränkt freie Bahn lassen, nicht vorschnell abschreiben. Wir brauchen sie. Denn ohne institutionelle Rückendeckung wäre der illoyale Held – Henry Fonda – ganz und gar verloren. Aber auch Demokratien schützen nicht vor der Falle der Konformität, wie wir gleich sehen werden.

IV. Lass die Leute reden!

Étienne de La Boétie ist ein heute fast vergessener Autor des späten 16. Jahrhunderts. Der französische Moralist Michel de Montaigne war von dessen 1574 erschienenen »Abhandlung über die freiwillige Knechtschaft« so begeistert, dass er beschloss, den Verfasser kennenlernen zu wollen. Daraus ergab sich eine innige Freundschaft bis zum frühen Tod La Boéties.

Wie verhext muss das Volk sein, dass es den Tyrannen sogar noch bewundert, wenn er nicht mehr lebt? Neros Tod wurde vom Volk betrauert. Als Stalin starb, flossen Tränen. Das alles ist unverständlich, weil die Befreiung vom Tyrannen doch eigentlich als Beglückung vom Volk gefeiert werden müsste.

Woher kommt das »Gift der Knechtschaft«? Demokratische Herrscher, schreibt La Boétie, seien nicht besser als gewaltsame Usurpatoren oder erbrechtlich abgesicherte Monarchen. Alle erliegen sie dem »Reiz der Größe«, wollen die Macht, einmal errungen, nicht mehr abgeben. Auch der demokratische Herrscher, der seine Herrschaft der Wahl durch das Volk verdankt, trachte danach, die Macht, die ihm vom Volk verliehen wurde, anschließend gegen dieses zu wenden: »Das Volk schlägt sich in Fesseln, schneidet sich die Kehle ab, gibt die Freiheit für das Joch dahin.«

Doch die »Lockpfeife der Knechtschaft« – La Boétie hat lauter solche schönen Formulierungen – ist eben nicht die Gewalt, sondern die Verführung: Es ist sogar eine besonders geschickte Verführung, mit der es dem demokratischen Herrscher gelingt, sich die Abhängigkeit, ja Liebe seiner Untertanen zu sichern, wofür sie sogar bereit sind, ihre Freiheit zu opfern. Mittel der Verführung sind »Spiele und Possen«, vor allem aber vom Herrscher verteilte materielle Wohltaten: »Und so betrogen sie den Pöbel, dessen Herr immer der Bauch ist.« Sie teilen »Korn, Wein und Geld« aus, schreibt La Boétie – und erkaufen sich damit die Wiederwahl.

In all dem zeigt sich die erstaunliche Modernität des französischen Autors. Die Konsequenz ist beunruhigend: Der Populismus ist kein Betriebsunfall der Demokratie, sondern mit ihrem Wesen bestens vereinbar. Demokratischer Populismus – eine »illiberale« Demokratie – ist der größte Feind der Rechtsstaatlichkeit, gerade weil er sich für den Umsturz keiner gewaltsamen Putschisten bedienen muss. Es reicht der dicke Kleber der Loyalität, die Zugehörigkeit in der Stammesgruppe erlebbar macht und dem Rudelführer Autorität verleiht.

Loyalitätsbindungen wird man nur schwer wieder los. Étienne de la Boétie indes ist am Ende kein Fatalist. Er glaubt nicht, dass die Menschen dauerhaft dazu bereit sind, sich ihre Freiheitsrechte abkaufen zu lassen. Sein Freiheitsimperativ lautet: Hört auf, den Populisten zu gehorchen. Kassiert eure freiwillig gegebene Einwilligung, Sklave der Volkstribunen zu sein. »Stillschweigende Verweigerung« nennt er das. Er, der tiefreligiös war, hoffte auf Gott, dem nichts mehr zuwider sei als die Tyrannei. Und er tröstete sich damit, dass Gott den Tyrannen und ihren Mitschuldigen besondere Qualen aufspare.

Wo ist die Instanz, die zur Illoyalität legitimiert? Die religiöse Legitimation, die für den Autor des 16. Jahrhunderts noch ganz selbstverständlich war, steht uns heute nicht mehr zur Verfügung. Worauf können wir uns berufen, wenn wir zur »stillschweigenden Verweigerung« ermuntern? Und wie verhindern wir, dass die Befreiung von der einen Loyalität mit dem Preis einer neuen Loyalität erkauft wird – das Schicksal vieler Illoyaler, die als Renegaten enden und sich – typisch für Konvertiten – dem Druck einer neuen Gruppe genauso unterwerfen wie früher der alten? Der Unheilszusammenhang von Loyalität und Exklusion wäre dann zurück, nur die Kulisse hätte gewechselt.

»Ich folge nur meinem Gewissen«, sagt Marie-Georges Picquart, jener Offizier, der zusammen mit dem Schriftsteller Émile Zola dafür gesorgt hat, dass Adolphe Dreyfus am Ende begnadigt wurde und der es auf sich nahm, aus der Armee ausgestoßen und in Haft gesetzt zu werden. Das Gewissen ist ein derart starkes Gebot, dass Menschen, die sich darauf berufen, bereit sind, Pein, Verfolgung, ja den Tod hinzunehmen. Das Gewissen könnte also womöglich die gesuchte Instanz sein, auf die die Illoyalität sich berufen müsste, um die Emanzipation von den alten Bindungen zu bewerkstelligen. Stillschweigende Verweigerung mit Verweis auf das Gewissen?

Die Attentäter des 20. Juli 1944, Militärs, die den Eid auf Hitler geschworen haben, mithin die höchste Beteuerung bedingungsloser Loyalität, beriefen sich bekanntlich zur Rechtfertigung des Tyrannenmords auf das über allem stehende Gebot ihres Gewissens: »Es ist Zeit, dass jetzt etwas getan wird«, sagte Claus Schenk Graf von Stauffenberg, jener Mann, der am 20. Juli die Aktentasche mit der Bombe im Führerhauptquartier deponiert: »Derjenige allerdings, der etwas zu tun wagt, muss sich bewusst sein, dass er wohl als Verräter in die deutsche Geschichte eingehen wird. Unterlässt er jedoch die Tat, dann wäre er ein Verräter vor seinem Gewissen.«

Verrat ist, wie wir gesehen haben, allemal das Stigma, mit dem die Illoyalität leben muss. Aber schlimmer als alle verräterische Illoyalität anderen gegenüber, denen man Treue geschworen hat, ist der Verrat am eigenen Gewissen, also eine Art Treulosigkeit sich selbst gegenüber. Untreue sich selbst gegenüber würde ein schizophrenes Leben bedeuten, mindestens aber die Leugnung biographisch sich widersprechender Haltungen.

Könnte die Stimme des Gewissens also aus der Falle der Loyalität befreien? Nun haben wir im vorigen Kapitel schon vor einer allzu unkritischen Berufung auf das Gewissen gewarnt, eine Haltung, die vor allem in der christlichen Tradition und nicht erst seit Luther gebräuchlich ist. Denn das Gewissen – verstanden als eine innere Stimme, deren Gebot unbedingt Folge zu leisten ist – sieht sich mindestens drei Gefährdungen ausgesetzt. (1) wird das Gewissen den Verdacht subjektiver Beliebigkeit niemals los. (2) verbirgt sich hinter dem Gewissen nicht selten eine Fremdbestimmung durch vorgegebene Normen, also das Gegenteil von Autonomie, und (3) lässt sich mit der Berufung auf das Gewissen opportunistische Affirmation bequem legitimieren. Das will ich kurz erläutern:

1. Das »Gebot des Gewissens«, auf das Stauffenberg sich berief, war – wie wir gesehen haben – gerade nicht eine bloß subjektive Einsicht, sondern eine auf die Tradition von Moral und Recht sich berufende Haltung, wonach der Tyrannenmord in einem verbrecherischen System nicht nur erlaubt, sondern sogar geboten sei. Das Gewissen ist somit das Gegenteil einer spontanen Einfallswillkür. Es ist eine Art vergegenwärtigende Erinnerung, gebunden an die Überzeugungen von Recht und Moral. Das nimmt dem Gewissen den heroisch subjektivistischen Habitus. Wer nur nach innen fragt, hört gar nichts. Nicht »Hier stehe ich, ich kann nicht anders« ist Ausdruck einer Gewissensentscheidung, sondern eine erfahrungsgesättigte Widerborstigkeit, deren Handlungsempfehlung durch Recht und Moral gebildet wurde.

2. Damit ist das Gewissen aber erst einmal nicht mehr als die gesellschaftlich gebildete Rechts- und Moralvorstellung, die einer seit früher Kindheit verinnerlicht hat und die Sigmund Freud »Über-Ich« nennt: »Das Über-Ich beobachtet das Ich, gibt ihm Befehle, richtet es und droht ihm mit Strafen, ganz wie die Eltern, deren Stelle es eingenommen hat«, so Freud. Das Gewissen ist somit zwar in der Tat eine »innere Stimme«, aber ob es »meine« Stimme wird, ist damit noch nicht ausgemacht. Dem Ich als Instanz des bewussten Lebens und Handelns wird vom Gewissen die Arbeit nicht abgenommen, nämlich Ansprüche und Erwartungen dessen, was man tut und was man lässt, zusammenzubringen mit den häufig zuwiderlaufenden Wünschen der eigenen Triebe und des eigenen Begehrens. Kurzum: Das Gewissen ist keine Allzweckwaffe gegen die Bindewirkung der Loyalität.
3. Schließlich ist dem Gewissen nicht zu trauen, ob es womöglich nur die nachträgliche Legitimation für allerlei Schweinereien oder zumindest faule Kompromisse darstellt. Das hatte schon Molière im »Tartuffe« im Sinn, der die Berufung auf das Gewissen als geschickte List der Scheinheiligen entlarvt: »Sehr dehnbar ist das menschliche Gewissen/Drum findet sich auch stets ein Weg zu Kompromissen/Und leicht rechtfertigt man der Übeltat Gemeinheit/Durch ihren edlen Zweck und durch des Willens Reinheit.«

Diese Beschränkungen und Gefährdungen gilt es im Kopf zu behalten, weil sie uns davor warnen, das Gewissen als ein universales Lösungsmittel gegen loyale Klebrigkeit auf den

Markt zu bringen. Aber das – so die Philosophin Judith Shklar hellsichtig – sei noch kein Grund, in einer Anleitung zur Illoyalität auf das Gewissen als Bundesgenossen ganz zu verzichten. Man darf es nur nicht zu hoch hängen. Denn trotz der Gefahren subjektiver Willkür (1), familiär vermittelter Fremdbestimmung (2) oder opportunistischer Affirmation hat sich das Gewissen allemal als eine »Reserve an Standhaftigkeit« gut gehalten. Das Gewissen bleibt Bundesgenosse gegen die Anziehungskraft der Loyalität und als innere Stärke vermittelnde Unterstützung »stillschweigender Verweigerung«. Noch einmal Molière: »Wir leben so, wie wir's nach Recht und Sitte sollen, die Leute sollen reden, was sie wollen.«

»Lass die Leute reden« wollen wir deshalb als einen besonderen Ratschlag der Anleitung zur Illoyalität adeln. Man sagt es gerne so dahin, gerade die sagen es, die ständig sich davon abhängig machen, was die Leute reden. »Lass die Leute reden« ist gewiss nicht die frivole Erlaubnis, sich dem gesellschaftlichen Gespräch zu entziehen und zu machen, was man will. Aber es ist die Ermächtigung, nicht um der Wonnen der Zugehörigkeit willen das, was man selbst für gut und richtig erkannt hat, außer Acht zu lassen.

Erinnern wir uns: Die Sorge, was wohl die Leute sagen, war die das Leben ständig ängstlich begleitende Frage im Elternhaus von Annie Ernaux – Grund für Unglück, Unfreiheit und Gefangenschaft in der sozialen Klasse. Der Aufruf »Lass die Leute reden und mach dein Ding« mag arg salopp daherkommen. Aber er führt zum Kern, die Stimme des eigenen Gewissens zum Anwalt der Loyalität zu sich selbst zu ernennen, welche die Pflicht der Loyalität zu den anderen sticht. Aus dem schlechten Gewissen der Illoyalität und des Verrats wird das gute Gewissen, den eigenen Weg gehen zu können.

Dass es Mut zu einer solchen Unabhängigkeit vom Mainstream braucht, darauf hat schon Kant aufmerksam gemacht. Wäre es dem Aufklärer lediglich um Wahrheit gegangen, hätte es genügt zu sagen »Gebrauche deinen Verstand«. Die Formulierung »Sapere aude«, »Habe Mut, dich deines eigenen Verstandes zu bedienen« (oder präzise übersetzt: »Wage, weise zu sein«) macht deutlich, dass der Gebrauch des eigenen Verstandes mit einem Risiko verbunden ist, welches einzugehen Mut braucht. Warum? Scham, Verrat, Selbstzweifel – und die Verlockungen der Zugehörigkeit –, das sind die Waffen der Loyalität, gegen die anzukommen Stärke erfordert. Der verlorene Sohn war eine starke Figur, so lange, bis er einknickte und zurückkam.

Worin besteht diese Stärke? Ich denke: Im konsequenten Aushalten der eigenen Dickköpfigkeit, Voraussetzung und Konsequenz einer einmal eingenommenen Haltung der Autonomie, wörtlich: sich selbst das Gesetz geben. Mehr noch: Im stolzen Ertragen des Ausgestoßenseins, einem Zustand, der auf Dauer nicht ausschließlich vom einsamen Trotz zehren kann, sondern überführt werden muss in den Stolz erarbeiteter Mündigkeit.

Man muss sich hüten vor einer romantischen Überhöhung dickköpfiger Autonomieerfahrung. Mündigkeit, die es ohne dieses negative Gefühl des Ausgestoßenseins nicht gibt, ist zunächst lediglich unerwünschte Folge der Illoyalität und der Stigmatisierung als Verräter. Sie ist aber auch Voraussetzung der Befreiung und als solche verliert sie ihren negativen, gar asozialen Beiklang. Womöglich vermag sie sogar zur Quelle von Kreativität werden, ein Vermögen, dem in der Antike mehr Aufmerksamkeit zuteilwurde als heutzutage. Auch im Märchen von des Kaisers neuen Kleidern, führt Illoyalität, wie wir gesehen haben, am Ende in die Erfahrung neuer Gemeinschaft und Solidarität.

Ohne die Konfrontation mit dem Ausgestoßensein aber ist Befreiung nicht zu haben. Wenn das neue Stammesdenken und Stammeshandeln das wärmende Feuer der Gruppe Gleichgesinnter verheißt und wenn – wie wir gesehen haben – solche Gruppen dazu tendieren, in die Extreme zu polarisieren, dann verlangt Illoyalität nicht nur Widerspruch zu Populismus, sondern den konsequenten Weg in die Autonomie. Verführerisch ist es für alle Renegaten und Konvertiten, sich gleich wieder neuen Gruppen zuzugesellen. Damit wäre vieles verwirkt.

Das mag nun tatsächlich unpopulär klingen angesichts allen Redens, wonach der Mensch ein soziales Wesen sei und dass Teamarbeit der Arbeit als Einzelner überlegen ist. Aber Teamarbeit und Gruppen haben eben auch ihre Nachteile: Es sind die gefährlichen Effekte der Loyalität. Wer sich davon freimachen will, darf die solipsistische Erfahrung nicht scheuen. Isoliert sich zu behaupten mit seiner abweichenden Meinung oder Haltung und nicht bei nächster Gelegenheit gleich wieder einzuknicken. Auch das soll man nicht übertreiben: Allein kann niemand leben, und schon als Paar sind Kompromisse nötig. Gänzlich allein leben will keiner: Da wird man krank. Aber gänzlich sich über die Stammesgruppe zu definieren, macht eben auch krank: fremdgeleitet, Freund-Feind-fixiert und anfällig für Extremismus.

V. Nimm Abschied, bleibe frei und unberechenbar, werde du selbst!

Im Juni 1969 wurde dem amerikanischen Schriftsteller Graham Greene der Shakespeare-Preis der Universität Hamburg verliehen. Greene war damals ein berühmter Mann. Bis heute gilt er als der Autor mit den meisten Nominierungen für den Literaturnobelpreis – den er dann doch nie gewann. Greene, der im Alter von 22 Jahren zum Katholizismus konvertiert war, war enorm produktiv – die meisten seiner Romane wurden verfilmt – und hatte auch in Deutschland eine große Lesergemeinde.

Kurzum: Greene war 1969 auf einer Stufe seiner Karriere angekommen, an der er sich fast alles leisten konnte. Die Dankesrede zum Shakespeare-Preis stellte er unter das Thema »Die Tugend der Illoyalität«. Das war nicht zuletzt deshalb eine Provokation, da Greene den größten Dichter der Weltliteratur, William Shakespeare, als Autor des Establishments klassifizierte, also als Vertreter jener affirmativ staatstragenden Loyalität, von der er, Greene, behauptete, dass sie ihn langweile. Statt Shakespeare pries Greene Robert Southwell, einen Zeitgenossen Shakespeares, von dem vermutlich die wenigsten seiner Zuhörer schon einmal etwas gehört hatten. Als Katholik und Jesuitenpater verfolgt, gefoltert und wegen Hochverrats zum Tode verurteilt, verfasste Southwell im Kerker eine Vielzahl geistlicher Gedichte, die Ausdruck seiner Standhaftigkeit gegenüber der staatlich verfassten anglikanischen Kirche waren. In die Reihe dieser »Unruhestifter der Ruhe einer ärmlichen Welt« nahm Greene neben Southwell auch Émile Zola (»J'accuse«), Dante oder Baudelaire auf, aber eben nicht den etablierten Shakespeare, dem er lediglich gnädig-ironisch zugestand, hätte er länger gelebt, hätte er sich am Ende sicherlich auf die Seite der Illoyalen geschlagen.

Es liegt auf der Hand, dass Greenes dialektische Frechheit – und Illoyalität – schon allein darin bestand, gegen den Namensgeber jenes Preises, den er gerade entgegennahm, zu stänkern und eine große Gruppe von Dichtern aufzufahren, die er aus moralischen Gründen Shakespeare überlegen zeichnete. Es sind die Ruhestörer, die Greene als Helden adelt, weil sie den von Gruppen oder Staat verordneten Konsens stören. Der Staat sei nicht an Buhrufen interessiert, habe es lieber, wenn ihm von Faschisten, Kommunisten oder Papisten gehuldigt werde. Dafür braucht es Loyalität, welche als Tugend zu preisen der Staat größtes Interesse habe, weil sie seine Macht stabilisiert. Und Ehre und Preise – »auch dieser Preis hier« – verfolgten vor allem den Zweck, Illoyalität zu untergraben. Die Verführungen der Loyalität seien vielfältig.

Aus Verführbarkeit zur Loyalität leitet Greene eine kleine Verhaltenslehre der Illoyalität ab, der wir uns hier anschließen wollen. Deren oberster Grundsatz heißt: Nimm die Position des Advocatus Diaboli ein! Bleibe unberechenbar! Nimm die Gegenposition ein, bedeutet konkret: Werde ein Protestant in einer katholischen Umgebung, ein Katholik in einer protestantischen Welt, und sei ein Kommunist in einem katholischen Staat. Sei jederzeit bereit, die Seiten zu wechseln.

Greene rät, die Position der Opfer einzunehmen – dabei aber im Auge zu behalten, dass sich jederzeit ändern kann, wer Opfer ist. »Loyalität verpflichtet dazu, die verbreiteten Meinungen anzunehmen, und verbietet, die Dissidenten zu verstehen. Illoyalität ermutigt dich, dir nichts Menschliches fremd sein zu lassen. Es verleiht dir eine ganz eigene Stärke des Verstehens.« Das Konzept des Advocatus Diaboli, des Anwalts des Teufels, stammt aus den Heiligsprechungsprozessen der katholischen Kirche, wo es einen Teilnehmer gab, der die Argumente für die Kanonisierung widerlegen musste – freilich mit dem Ziel, diese letztlich zu ermöglichen, weil alle Gegenargumente entkräftet werden konnten, selbst diejenigen des Teufels, des stärksten Kontrahenten. Die Organisationspsychologie hat daraus ein Verfahren gemacht zur Verbesserung der Kreativität einer Gruppe mit dem Ziel, Innovationen zu ermöglichen. Doch das würde die Sache verharmlosen: Wird der Advocatus Diaboli lediglich als Rollenfigur instrumentalisiert, um zu beweisen, dass die Mehrheit im Recht ist, wäre der Ernst der Lage verfehlt.

Deshalb meint der Rat, die Gegenposition einzunehmen, mehr, als lediglich ein Rollenspiel zu spielen. Man muss es schon ernst meinen, sonst setzt man die Dissidenz der Lächerlichkeit aus. Zugleich hat der Ratschlag aber den Vorteil, Renegatentum und Konvertitensyndrome zu vermeiden oder zumindest besser dagegen gewappnet zu sein: Illoyalität, welche ihre emanzipatorische Kraft daraus bezieht, dass sie sich einer neuen Gruppe loyal anschmiegt, wird der Spirale der Selbstverleugnung nicht entkommen.

Schließlich wird der Advocatus der von Graham Greene zu Recht betonten Tatsache gerecht, dass die Opfer sich ändern. Die Kommunisten, die aus der Emigration in die DDR zurückkamen, wähnten sich immer noch als Opfer, dabei hatten sie längst die Macht im Staat übernommen und waren zu Tätern geworden, die andere zu Opfern machten. »Alte weiße Männer« werden von ihren Gegnerinnen – »junge farbige Frauen«? – heute wie Täter behandelt, dabei sind sie vermutlich längst Opfer. Wer Anwalt der Opfer sein will, muss deshalb auf der Hut sein vor den vielfältigen Viktimisierungsspielen der Menschen.

Dass der Aufruf, ernsthaft die Gegenposition einzunehmen, mit Risiken behaftet ist und ein Wagnis bedeutet, kann man sich leicht klarmachen, sobald es konkret wird: Wenn alle Parteien die AfD diabolisieren und ihre Mitglieder mit Nazis vergleichen, ist es ein Risiko, eine Position einzunehmen, die auch die AfD einnimmt. Denn dies birgt einerseits das Risiko, von der AfD vereinnahmt zu werden (Hüte dich vor falschen Freunden), wie zugleich die Drohung, vom Mainstream aussortiert zu werden, ein Prozess, der neuerdings als »Cancel Culture« firmiert. Die Strafe der kulturell dominanten Linkseliten kann gnadenlos sein: Wir haben über die Fälle der Schriftsteller Tellkamp und Kleeberg gesprochen.

Es gibt freilich noch ein zweites Risiko: Es besteht darin, den Auftrag, die Gegenposition einzunehmen, zu automatisieren, einerlei, was zur Debatte steht. So ist es ausdrücklich nicht gemeint. Das Prinzip »Hauptsache dagegen sein« gehöre in den Werkzeugkoffer von Möchtegern-Intellektuellen, die echt nerven, schimpft die Philosophin Petra Gehring. Sie wird wohl recht haben.

Der Dissident ist nicht einfach nur ein »Abtrünniger«, wie es die Übersetzung des aus dem Lateinischen stammenden Begriffs nahelegt. Wer Dissidenten »abtrünnig« oder

»treulos« nennt, hat sich die Perspektive der Loyalität erwartenden Gruppe zu eigen gemacht, die Abweichler als Verräter ausstößt und moralisch vernichtet. Václav Havel, einer der prominentesten Dissidenten des 20. Jahrhunderts, nennt dagegen Dissidenten jene Menschen, »die sich entschlossen haben, in der Wahrheit zu leben«. Das wäre dann der existenzialistische Entschluss, zu sich selbst zu kommen – das absolute Gegenteil der Abweichung, die ja von sich selbst wegführen würde. Der Dissident, so Havel, handelt, wie er handeln zu müssen glaubt. Er folgt nur der inneren Logik seines Denkens, seines Verhaltens und seiner Arbeit. Der Dissident ist damit das Gegenteil eines »professionellen Unzufriedenen«.

Der Dissident, so haben wir gesehen, muss die Stärke aufbringen, mit seinen eigenen Idealisierungen zu brechen. Loyalität hatte sich erwiesen als innere Bindung an einen früh erworbenen Glauben, von dem abzuwenden einen Verrat der eigenen Ideale bedeuten würde. Abschied zu nehmen von solchen Idealisierungen wäre also der Auftrag der Illoyalität. Wenn es gut geht, lässt sich dabei sogar die Erfahrung machen, dass es möglich ist, seinen eigenen Weg zu gehen, ohne gänzlich mit der Herkunft brechen zu müssen und als Verräter dazustehen.

Das würde man Versöhnung nennen. Mentoren und »soziale Paten« sind nützlich, wie wir gesehen haben, denn sie sind Mittler zwischen den Welten. Könnte man mit der Aussicht auf Versöhnung werben, wären womöglich mehr Menschen zum Aufbruch in die Eigenständigkeit bereit. Wie jeder Abschied geht das nicht ab ohne Trauer. Denn die Entidealisierung ist zweifellos ein herber Verlust. Das gilt für den Abschied aus dem Heimatmilieu der Familie genauso wie für den Abschied von einem Glauben – sei es der christliche, der kommunistische, der kapitalistische oder welcher auch immer.

Freiheit, auch dies ein anderes Wort für Illoyalität, ist nichts anderes als die Fähigkeit, sich selbst zu bestimmen, selbstbestimmt zu handeln und sich nicht fremdbestimmen zu lassen. Man kann es auch Autonomie nennen: sein eigener Herr zu sein. »Für die, welche vom Baum der Erkenntnis gekostet haben, ist das Paradies verloren«, meinte Karl Popper: »Je mehr wir versuchen, zum heroischen Zeitalter der Stammesgemeinschaft zurückzukehren, desto sicherer landen wir bei Inquisition, Geheimpolizei und einem romantisierten Gangstertum.« Der neue Tribalismus wird es erleben. Er ist im Übrigen gar nicht neu. Denn die Stammesmagie ist groß und offenbar im Gang der Zivilisation bis heute nicht überwunden, weil sie nie überwunden sein kann. Die verführerische Versuchung der Loyalität bleibt stark.

Doch auf der anderen Seite einer persönlichen Lebensbilanz steht der Gewinn, den der Aufbruch bringt. Nennen wir es Selbstbestimmung, also im Einklang mit unseren Gedanken, Gefühlen und Wünschen leben, wie der Philosoph Peter Bieri es definiert. Wir wollen keine Marionetten sein, kein Spielball fremder Interessen und Instrument entfremdenden Gruppendrucks.

Wir sollten uns davon freimachen, Loyalität als eine Tugend anzusehen, meinte Mark Twain: »This will beget independence – which is loyalty to one's best self and principles, and this is often disloyalty to the general idols and fetishes.«

Das Diktum Mark Twains könnte die kürzeste Zusammenfassung dieses Buches sein: Loyalität zu sich selbst – aber eben nicht zu seinen übernommenen Idealen, Idolen und Fetischen – ist ein oberster Wert, ohne den Identität und Selbstbestimmung nicht möglich sind.

KOMMENTIERTE LITERATUR

(entlang der Erwähnung im Text)

Kapitel 1

Zur Einführung in die Begriffs- und Forschungsgeschichte der Loyalität empfiehlt sich die Online-Enzyklopädie der **Stanford-Universität**: https://plato.stanford.edu/entries/loyalty/. Dort findet sich auch weiterführende Literatur, die freilich nicht allzu zahlreich ist. Wichtig ist **Albert O. Hirschmans** Klassiker von 1970: Exit, Voice, and Loyalty. Responses to Decline in Firms, Organizations and States. Harvard University Press, Cambridge 1970. Selten wurde die Funktion von Loyalität derart präzise beschrieben wie bei Hirschman. Zu nennen aus der neueren Literatur ist schließlich noch **John Kleinig**: On Loyality and Loyalties. The Power of a Problematic Virtue. Oxford University Press, Oxford 2014.

Richard Rorty: Gerechtigkeit als erweiterte Loyalität. In: Philosophie & Zukunft. Essays. Fischer Taschenbuch Verlag, Frankfurt am Main 2000. S. 79–100. Für Rorty löst sich der Konflikt zwischen partieller Loyalität und universaler Solidarität am Ende auf, weil er den – letztlich nicht wirklich überzeugenden Versuch – macht, Loyalität selbst zu universalisieren.

Carl Schmitt: Der Begriff des Politischen. 9. Aufl. Duncker & Humblot, Berlin 2015: Das ist der Klassiker für die Unterscheidung von Freund und Feind.

Carlo Strenger: Diese verdammten liberalen Eliten. Wer sie sind und warum wir sie brauchen. Edition Suhrkamp, Berlin 2019. Stenger war Professor für Psychoanalyse in Tel Aviv. Sein Buch – es war sein letztes – ist eine Verteidigungsschrift der liberalen Eliten und zugleich eine scharfe Kritik der elitären Clans und ihrer spezifischen Neurosen.

Amy Chua: Political Tribes. Group Instinct and the Fate of Nations. Penguin Press, New York 2019. Amy Chua, Rechtsprofessorin an der Yale Law School und die Erfinderin der Tigermutter, entwickelt hier Grundzüge des neuen »Tribalismus«: Menschen sind von Natur aus Stammeswesen. Sie brauchen, früher wie heute, die Zugehörigkeit zu Gruppen. Chua beschreibt, was Gruppenidentität anrichten kann. Eine knappe Aktualisierung unter Bezug auf Trumps Amerika gibt es in Amy Chua: Spaltpilz Stammesdenken. In: Schweizer Monat, Ausgabe 1079, September 2020. S. 10–15.

Bei **Hans Peter Hahn**: Ethnologie. Eine Einführung. Edition Suhrkamp, Frankfurt am Main 2013, kann man sich orientieren, warum die heutige Ethnologie die Begriffe »Stamm« oder »Clan« nur mit Vorsicht gebraucht.

Nicholas Christakis: Blueprint. Wie unsere Gene das gesellschaftliche Zusammenleben prägen. S. Fischer, Frankfurt am Main 2019. Christakis' Buch ist eine Art Anti-Darwin: Er zeigt, wie uns die Evolution auf einen humanen, eben gerade nicht egoistischen Weg gebracht hat – und warum wir durch unser Menschsein weit mehr vereint sind als geteilt. Speziell über **Ingroup-Favoritism** siehe: **Nicholas Christakis** et al.: Evolution of In-Group Favoritism. In: Scientific Reports, 21. Juni 2012.

Solomon Aschs berühmtes Experiment kann man hier nachlesen: **S. E. Asch**: Effects of group pressure upon the modification and distortion of judgment. In: H. Guetzkow (Hrsg.) Groups, leadership and men. Carnegie Press, Pittsburg, PA, 1951. Aschs Experiment wird häufig in Beziehung gesetzt zu dem berühmten **Milgram-Experiment** von 1961, das zeigt, wie rasch durchschnittliche Personen bereit sind, andere zu quälen, wenn dies autoritär angeordnet wird, obwohl die Handlungen ihrem Gewissen widersprechen. Das Milgram-Experiment wurde vielfach variiert. Optimistisch stimmt, dass sich Dissidenten unter den Versuchspersonen finden, sofern einige gebriefte Schauspieler in der Gruppe die grausamen Aktionen verweigern. Das zeigt: Vorbilder können Verhalten ändern.

Cass C. Sunstein: Conformity. The Power of Social Influences. New York University Press, New York 2019, deutsch: Das Lemming-Prinzip. FinanzBuch Verlag, München 2020. Sunstein, Altmeister der Verhaltensökonomie (er hat 2009 mit Richard Thaler zusammen »Nudge« geschrieben) präsentiert eine Vielzahl von Experimenten dazu, was Gruppen mit Individuen anstellen und wie der Konformitätsdruck funktioniert.

Thomas Bauer: Die Vereindeutigung der Welt. Über den Verlust an Mehrdeutigkeit und Vielfalt. Reclam, Stuttgart 2018. Bauers Essay ist das Beste, was es zum Thema »Ambiguitätsintoleranz« gibt.

Kapitel 2

Didier Eribon: Rückkehr nach Reims. Edition Suhrkamp, Berlin 2016, berichtet von den Qualen der Scham und den Kosten der Entfremdung, die in einer Aufstiegsbiographie anfallen.

Der schweizerisch-amerikanische Psychoanalytiker **Léon Wurmser**: Die Masken der Scham. Die Psychoanalyse von Schameffekten und Schamkonflikten. 2. Aufl. Springer, Heidelberg 1990, hat die vermutlich umfassendste Auseinandersetzung mit dem merkwürdig archaischen Phänomen der Scham geschrieben.

Annie Ernaux, die betagte französischer Erzählerin, gilt zu Recht als Meisterin der Autofiktion. Präzise, bewusst ohne psychologisches Deutungsbesteck, erzählt sie von den mit Scham behafteten Erfahrungen der Illoyalität in der Kindheit einer Familie »einfacher Leute«:

Annie Ernaux: Der Platz. Edition Suhrkamp, Berlin 2019.

Annie Ernaux: Eine Frau. Edition Suhrkamp, Berlin 2019.

Annie Ernaux: Die Scham. Edition Suhrkamp, Berlin 2020.

Karin Struck: Klassenliebe. Edition Suhrkamp, Frankfurt am Main 1973. Das Buch der jungen Schriftstellerin war in den siebziger Jahren Pflichtlektüre. Struck stammt eigentlich aus landwirtschaftlichem Adel; der Vater floh 1953 aus der DDR, wurde dann im Westen Arbeiter. Die Tochter studierte Literatur und engagierte sich im SDS. Später radikalisierte sie sich als Abtreibungsgegnerin und konvertierte zum katholischen Glauben.

In der Tradition von Karin Struck, eine Spielart des Bildungsromans, gibt es viele Nachfolger. Die Autobiographie von **Ulla Hahn**, 2001 bis 2017 in mehreren Teilen erschienen (Das verborgene Wort, Aufbruch, Spiel der Zeit, Wir werden erwartet), ist besonders eindrucksvoll. Vgl. auch **Delphine de Vigan**: Loyalitäten. Dumont, Köln 2018. **Édouard Louis:** Das Ende von Eddy. S. Fischer, Frankfurt am Main 2015 oder **Daniela Dröscher**: Zeige Deine Klasse. Hoffmann und Campe, Hamburg 2018.

Ludger Wößmann (https://www.ifo.de/woessmann-l), Professor in München und am Ifo-Institut, ist einer der profiliertesten Bildungsökonomen in Deutschland. Er vertritt die Überzeugung, dass schwache Bildungsmobilität keine ökonomischen Gründe hat: Die Scheu der Unterschicht vor dem Gymnasium liegt weder an den Bildungsangeboten noch an den Anreizen noch am Wissen über die Einkommensrendite durch Bildung. Vgl. **Philipp Lergetporer, Katharina Werner, Ludger Wößmann**: Does Ignorance of Economic Returns and Costs Explain the Educational Gap? In: CES-ifo Working Papers 7000/April 2018. Ähnlich argumentiert **Aladin El-Mafaalani**: Mythos Bildung. Die ungerechte Gesellschaft, ihr Bildungssystem und seine Zukunft. Kiepenheuer & Witsch, Köln 2020.

André Gide: Die Rückkehr des verlorenen Sohns. Reclam, Stuttgart 2012, französisch/deutsch.

Heimat, das Monumentalwerk von **Edgar Reitz**, gibt es als 20-DVD-Kassette bei Arthouse. Einschlägig in unserem Zusammenhang ist Folge 9, »Hermännchen«, aus der Heimat 1 und die gesamte Heimat 2, die Jahre von Hermanns Aufbruch in München.

Über »soziale Paten« hat der Soziologe **Martin Schmeiser** gearbeitet am Beispiel von »Deutschen Universitätsprofessoren mit bildungsferner Herkunft«. Hier ein Zusammenfassender Vortrag beim Deutschen Soziologentag 1990: https://martinschmeiser.de/wp-content/uploads/2016/01/JHB_1996.pdf

Den Klassiker über die »Stärke schwacher Bindungen« des amerikanischen Soziologen **Mark Granovetter** aus dem Jahr 1973 gibt es hier: https://sociology.stanford.edu/sites/g/files/sbiybj9501/f/publications/the_strength_of_weak_ties_and_exch_w-gans.pdf

Kapitel 3

Zentral für die Analyse »nützlicher Illegalität« sind die Arbeiten des Bielefelder Organisationssoziologen **Stefan Kühl:** Brauchbare Illegalität. Vom Nutzen des Regelbruchs in Organisationen. Campus, Frankfurt am Main 2020. Auch den Hinweis auf den Betrug bei der Tragflächenkonstruktion verdanke ich Kühl: **Joseph Bensman/Israel Gerver**: Crime and Punishment in the Factory. The Function of Deviancy in Maintaining the Social System. In: American Sociological Review, Jg. 28, 1963, S. 588–598. Eine Zusammenfassung gibt es in Stefan Kühl: Schlüsselwerke der Organisationsforschung. Springer Fachmedien, Wiesbaden 2015. S. 85–88.

Die Geschichte von Peter L., dem Motorenentwickler bei VW, entnehme ich einer Reportage »Viele wussten Bescheid« von **Jan Boris Wintzenburg** im STERN vom

4. Mai 2019. Die Geschichte der Whistleblowerin Stéphanie Gibaud stand in der NZZ am Sonntag vom 24. Februar 2019.

Das Beste zum Whistleblowing gibt es bei **Kate Kenny**: Whistleblowing. Toward A New Theory. Harvard University Press, Cambridge 2019. Kenny, Professorin für »Business and Society« an der National University of Ireland in Galway, hat eine Vielzahl von Interviews geführt mit Whistleblowern, die unethisches Verhalten während und nach der Finanzkrise 2008 aufgedeckt haben. Die These, wonach Whistleblower zwar Helden der Medien, aber in Wirklichkeit gebrochene Figuren sind, findet sich gut belegt bei **C.F. Alford**: Whistleblowers. Broken Lives and Organizational Power. Cornell University Press, Ithaca 2001.

Der Spiegel-Journalist Juan Moreno, der den Fall Relotius aufgedeckt hat, hat darüber ein Buch geschrieben. **Juan Moreno**: Tausend Zeilen Lüge. Das System Relotius und der deutsche Journalismus. Rowohlt Verlag, Berlin 2019. Daraus wird auch noch ein Film werden.

Lewis Cosers Aufsätze gibt es gesammelt hier: Gierige Institutionen. Soziologische Studien über totales Engagement. Suhrkamp Taschenbuch Wissenschaft, Berlin 2015.

Mario Erdheim, ein Schweizer Ethnopsychoanalytiker aus der der Schule Paul Parins, hat über den »sozialen Tod« geschrieben in: Die gesellschaftliche Produktion von Unbewusstheit. Suhrkamp, Frankfurt am Main 1982.

Am Beispiel von Alfred Dreyfus hat sich die amerikanische Philosophin **Judith Shklar** in mehreren Aufsätzen zum Thema Loyalität geäußert (m. E. überzeugender als Hannah Arendt in ihren Totalitarismusstudien). Die Texte liegen jetzt auf Deutsch vor, herausgegeben und übersetzt von **Hannes Bajohr**, der seit Jahren dafür sorgt, dass Shklar auch hierzulande gelesen wird: Judith N. Shklar: Verpflichtung, Loyalität, Exil. Matthes & Seitz, Berlin 2019.

Aufbauend auf Shklar und zentral für meine Überlegungen insgesamt sind die Essays des israelischen Philosophen **Avishai Margalit** über den Verrat und die Verräter: On Betrayal. Harvard University Press, Cambridge 2017.

Hilde Spiel, langjährige Wien-Korrespondentin der FAZ, hat ihre Erfahrungen als rückkehrende Emigrantin hier aufgeschrieben: **Hilde Spiel**: Rückkehr nach Wien. Ein Tagebuch. Milena Verlag, Wien 2009 (urspr. 1968 erschienen).

Eugen Ruge: Metropol. Rowohlt, Hamburg 2019. Ruge hat eine ganze Reihe von Interviews gegeben über seine Großeltern in Moskau, die Helden des Buches. Im Epilog des Romans gibt es zudem ein Making of. Über die Dissidenten, Konvertiten und Renegaten des kommunistischen Glaubens (Koestler, Sperber & Co.) gibt es hilfreich einordnende Essays bei **Marko Martin**: Dissidentisches Denken. Reisen zu den Zeugen eines Zeitalters. Die andere Bibliothek, Berlin 2019.

Gut erforscht ist die »Loyalitätsfalle«, in die sich die kommunistischen Rückkehrer in der DDR verstrickt haben. **Annette Leo**: Die Falle der Loyalität. Wolfgang Steinitz und die Generation der DDR-Gründerväter und -mütter. In: »Auch in Deutschland waren wir nicht wirklich zuhause.« Jüdische Remigration nach 1945. Hrsg. von Irmela von der Lühe et al. Wallstein, Göttingen 2008. S. 299–312. **Doris Danzer**: Zwischen Vertrauen und Verrat: Deutschsprachige kommunistische Intellektuelle und ihre sozialen Beziehungen (1918-1960). V&R Unipress, Göttingen 2012. Über die Klebrigkeit des kommunistischen Glaubens ganz allgemein: **Archie Brown**: Aufstieg und Fall des Kommunismus. Ullstein, Berlin 2009. Besonders das Kapitel über die »Faszination des Kommunismus«, S. 167–190.

Stephan Wackwitz' Wortprägung der »verhexten Generation« für die Achtundsechziger Generation stammt aus einem Spiegel-Interview vom 14. November 2005.

Kapitel 5

Zentral für die Frage von Ich-Ideal und dem Wunsch nach Gruppenanpassung ist ein Aufsatz des Züricher Ethnopsychoanalytikers **Paul Parin**: Das Ich und die Anpassungs-Mechanismen. In: Psyche, 31, 1977 S. 481–515. Der Titel spielt an auf einen berühmten Aufsatz von **Anna Freud**: »Das Ich und die Abwehrmechanismen« und macht deutlich, dass zum Leben beides gehört – Abwehr und Anpassung – und auch die Anpassung ihre Probleme hat.

Valentin Groebner: Wer redet von der Reinheit? Eine kleine Begriffsgeschichte. Passagen Verlag, 2019. Das faszinierende Buch des Züricher Historikers ist aus einer Vortragsreihe am Wiener Institut für die Wissenschaft vom

Menschen hervorgegangen. Es spannt einen weiten Bogen von der Körperpflege bis zur katholischen Eucharistielehre. Alles hat mit dem Ideal der Reinheit zu tun.

Die biographische Erzählung »Zwischen Himmel und Erde« von **Christina Fleischmann**, die es partout nicht schafft, aus der katholischen Kirche auszutreten, entnehme ich dem SZ-Magazin vom 20. Dezember 2019. Dazu kann man lesen die Missbrauchsgeschichte des österreichischen Schriftstellers **Josef Haslinger**: Mein Fall. S. Fischer, Frankfurt am Main 2020.

Petra Gehrings Aufsatz Gesang, Gebrüll, Sprechakt? – Über Skandieren. In: Über die Körperkraft von Sprache. Studien zum Sprechakt. Campus Verlag, Frankfurt am Main 2019. S. 15–32.

Die über die Bedeutung stammesgeschichtlich verankerter moralischer Grundausstattungen des Menschen (Mitleid, Fairness, Loyalität, Autorität, Heiligkeit) kann man sich informieren im Buch des Moralphilosophen **Jonathan Haidt:** The Righteous Mind. Why Good People are Divided by Politics and Religion. Penguin Books, London 2012.

Die Interpretationen zu »Judas«, dem Verräter par excellence, stammen aus dem Buch von **Avishai Margalit** On Betrayal (siehe Literatur zu Kapitel 4).

Die schönsten Studien zur Mafia als Organisation der Loyalität stammen von dem italienischen Soziologen **Diego Gambetta**. Z.B.: Die Firma der Paten. Die sizilianische Mafia und ihre Geschäftspraktiken. dtv, München 1994 (urspr. Harvard 1993). Über die Nähe zwischen Cosa Nostra und katholischer Kirche findet sich Spannendes bei dem

Oxford-Kriminologen **Federico Varese**: Mafia-Leben. Liebe, Geld und Tod im Herzen des organisierten Verbrechens. C.H. Beck, München 2018.

Kapitel 6

Die Literatur zum »zivilen Ungehorsam« ist uferlos. Zur neuen Debatte über »Widerstand und zivilen Ungehorsam im Anthropozän« gibt es ein gutes Themenheft der Allgemeinen Zeitschrift für Philosophie, Heft 45.2, 2020.

Warum das Gewissen als Gegeninstanz zur Loyalität kein sicherer Bundesgenosse ist, darüber hat der Philosoph **Hermann Lübbe** ein Büchlein geschrieben, das jetzt nach 35 Jahren in Zeiten des Populismus noch einmal neu aufgelegt wurde. Hermann Lübbe: Politischer Moralismus. Der Triumph der Gesinnung über die Urteilskraft. Lit Verlag, Berlin 2019. Zum Moralismus allgemein: **Christian Neuhäuser/Christian Seidel** (Hg.): Kritik des Moralismus. Suhrkamp, Berlin 2020 Die Kritik am Gewissen teilt auch **Judith Shklar** und beruft sich dabei auf **Hegel**, der in seiner Rechtsphilosophie deutlich macht, dass mit »reiner Innerlichkeit« kein Staat und kein Widerstand zu machen ist.

Der Bremer Politikwissenschaftler **Philip Manow** beschreibt in einem Suhrkamp-Bändchen unter den Titel »(Ent)demokratisierung der Demokratie« (2020), warum die Demokratie gleichermaßen noch nie so unumstritten und umstritten war wie heute: Das Volk hat Mühe, sich mit der Herrschaft des Volkes zu identifizieren.

Der Politikwissenschaftler **Dolf Sternberger**, der den Begriff des Verfassungspatriotismus prägte, hat immer wieder deutlich gemacht, warum die »blasse und mittelbare Loyalitätserwartung« der Bundesrepublik kein Nachteil sein muss. Vgl. etwa: Das Problem der Loyalität (1956). In: **Dolf Sternberger:** Verfassungspatriotismus. Schriften X. Insel, Frankfurt am Main 1990. S. 85–94.

Die Politologen **Ivan Krastev und Stephen Holmes**: Das Licht, das erlosch. Ullstein, Berlin 2019, erklären die Entstehung des Populismus als Gegenbewegung zur scheinbaren Alternativlosigkeit der liberalen Demokratie – was dann auch zur Erosion der Demokratie selbst geführt habe.

Das Gespräch über die Bedeutung von Heimat zwischen **Muhterem Aras**, einer aus Anatolien stammenden Alevitin, die heute Präsidentin des Landtags von Baden-Württemberg ist, und dem greisen Tübinger Kulturwissenschaftler **Hermann Bausinger** gibt es im Verlag Klöpfer, Narr, Tübingen (2019): Heimat. Kann die weg? Ein Gespräch. Das Interview mit Muhterem Aras ist in der FAS vom 17. Februar 2018 erschienen unter dem Titel »Frauen am Steuer. Das war mir neu.«

Kapitel 7

Der peruanische Schriftsteller Mario Vargas Llosa hat – nach seinen linken Sturm- und Drangjahren – dauerhaft zum Liberalismus gefunden. **Karl Poppers** Motto, dem »Ruf der Horde« zu widerstehen, wurde auch sein Motto. Intellektuelle Porträts seiner liberalen Vorbilder gibt es in **Mario**

Vargas Llosa: Der Ruf der Horde. Suhrkamp, Berlin 2019. Den Auftrag, »sich dem Kollektiv zu widersetzen«, stammt aus einem Essay Vargas Llosas in Foreign Affairs (20. November 2009): The Culture of Liberty.

Zur Irrationalität des Herdenverhaltens ist – neben den im Kapitel 1 genannten Autoren – wichtig: **Charlan Nemeth**: No! The Power of Disagreement in a World that wants do get along. Basic Books, New York 2018.

Die Geschichte des Loyalitätskonfliktes zwischen Albert Camus und Jean-Paul Sartre kann man nachlesen in dem spannenden Buch der britischen Historikern **Sarah Bakewell**: Das Café der Existenzialisten. Freiheit, Sein und Aprikosencocktails. C.H. Beck, München 2016.

Mit Paul Tillich, Martin Heidegger und Theodor W. Adorno im Rücken hat sich der Berliner Religionsphilosoph **Klaus Heinrich** (1927 bis 2020) in seiner Berliner Habilitationsschrift aus dem Jahr 1964 der grundsätzlichen Widerstände zum Neinsagen angenommen: Versuch über die Schwierigkeiten Nein zu sagen. Stroemfeld/Roter Stern, Berlin/Basel 2002.

Étienne de La Boétie: Abhandlung über die freiwillige Knechtschaft. Limbus Verlag, Innsbruck 2016. La Boéties Schrift, 1561 veröffentlicht, wurde berühmt durch den Essayisten **Michel de Montaigne**. Über Montaigne (und seine Freundschaft mit La Boétie) hat **Sahra Bakewell** ebenfalls ein hübsches Buch geschrieben: Wie soll ich leben? Oder Das Leben Montaignes in einer Frage und zwanzig Antworten. C.H. Beck, München 2012.

Zum Thema der Einsamkeit als Preis der Illoyalität vgl. **Hans Peter Dreitzel**: Die Einsamkeit als soziologisches

Problem. Arche Verlag, Zürich 1970. Das Zitat von **Marina Abramović** zur Einsamkeit findet sich in einem Interview mit der Künstlerin in der Beilage »How to spend it« der Financial Times vom 26. September 2020.

Graham Greenes flammendes Plädoyer »The Virtue of Disloyalty« gibt es in: The Portable Graham Greene. Hrsg. von Philip Stratford. Penguin Classics, London 1994. S. 524–527.

Václav Havels Reflexionen über den Dissidenten finden sich in seinem 1978 veröffentlichten Essay »Versuch, in der Wahrheit zu leben«. Rowohlt repertoire, Hamburg 2018.

Die Bemerkungen zu Selbstbestimmung und Selbsterkenntnis finden sich in der Reihe »Unruhe bewahren« bei **Peter Bieri**: Wie wollen wir leben?. 2. Aufl. Residenz Verlag, Salzburg 2011.

DANK

»DIE LOYALITÄTSFALLE« IST ein Buch, an dem ich für meine Verhältnisse relativ lange gearbeitet habe. Lebhafte Debatten über die psychischen Hürden sozialer Mobilität haben wir in der Wirtschaftsredaktion der FAS schon nach der Jahrtausendwende geführt. 2018 haben wir am Walter-Eucken-Institut in Freiburg eine Tagung zur Loyalität veranstaltet: Ich danke insbesondere Lars Feld und Volker Rieble. Für viele Anregungen und kontroverse Diskussionen erwähne ich mit Dankbarkeit: Tilmann Allert, Hansjörg Becker, Heinz Bude, Jens Dehning, Britta Egetemeier, Petra Gehring, Jens Hacke, Ulla Hahn, Michael Kleeberg, Matthias Landwehr, Stephan Lebert, Hartmut Leppin, Ulf Poschardt, Andreas Rödder, Daniela Weber-Rey, Karin Wieland, Ludger Wößmann, Anthony Ziegelmeyer. Patrick Bernau und Irmgard Betzler haben das gesamte Manuskript kritisch gelesen.

Frankfurt am Main im Januar 2021
Rainer Hank

PERSONENREGISTER

»Der Kapitalismus hat uns zu einer Rottweiler-Gesellschaft gemacht«: Der Alarmruf eines weltbekannten Ökonomen

Paul Collier legt ein Manifest für einen erneuerten Kapitalismus vor. Seine Diagnose: Es geht nicht nur um Verteilung zwischen Arm und Reich, viel gefährlicher ist der Riss durch das Fundament unserer Gesellschaft – zwischen den städtischen Metropolen und dem Rest des Landes, zwischen den meist urbanen Eliten und der Mehrheit der Bevölkerung. Eine Ideologie des Einzelnen greift um sich, die auf Selbstbestimmung beharrt, auf Konsum abzielt und sich dabei von der Idee gegenseitiger Verpflichtungen verabschiedet.

»Collier macht konkrete Vorschläge, die vielen Leuten nicht gefallen werden.«
Die Welt

»Colliers Buch ist bestechend in der Analyse und diskussionsnotwendig in seinen Vorschlägen.«
Cicero

Siedler

»Die Politik versucht mit künstlich geschaffenem Notenbankgeld die Welt von gestern zu retten – und verpasst so die Zukunft.«
Gabor Steingart über Deutschland nach Corona

Corona ist mittlerweile nur ein anderes Wort für Ausrede. Gabor Steingart hat eine persönliche Rede verfasst, die uns die Augen öffnet für die Erschöpfungszustände im produktiven Kern unserer Volkswirtschaft. Die unbequeme Wahrheit hinter den billionenschweren Konjunkturprogrammen handelt von ökonomischer Erstarrung, prekären Arbeitsverhältnissen und sozialer Spaltung in Deutschland. Die politisch Verantwortlichen konservieren unterm Rettungsschirm die Welt von gestern. An der Schwelle von der Industrie- zur Digitalgesellschaft hat Deutschland von Pionier auf Follower umgeschaltet – mit gravierenden Folgen für unseren Wohlstand. Doch es gibt Alternativen zur Verzweiflung, und Steingart benennt sie. Digitalisierung, Globalisierung und Klimaschutz bilden das magische Dreieck der bevorstehenden Transformation.

Was ist eigentlich heute noch links?

Noch immer steht in unserem Land »links« für »gerecht«, »ökologisch«, »sozial«. Jeder will es sein, doch wer ist es wirklich? Rainer Hank schaut zurück auf die eigene »linke« Geschichte und die seiner Generation und konfrontiert diese mit dem Stillstand der Gegenwart. Damit leistet er die überfällige Inventur einer großen, wirkungsmächtigen politischen Idee.

»›Links, wo das Herz schlägt‹ ist ein mutiges Buch.«
Die Literarische Welt